미래 시민사회를 위한

시민교육의 시선들

미래 시민사회를 위한
시민교육의
시선들

푸른길

우리는 시민이 주인 되어 주체로서 살아가는 시민사회를 지향한다. 시민사회는 시민이 자유와 기본권을 토대로 더불어 살아가는 공동체사회이다. 시민은 공동체사회를 건설하기 위하여 생활 주변에서 글로벌 영역에 이르기까지 다양한 스케일의 문제와 쟁점에 관심을 가진다. 그리고 자신의 이익을 넘어 공동체 모두의 이익이 되도록 다양한 스케일의 문제와 쟁점을 해결하고자 노력한다.

시민교육은 우리 사회의 구성원들이 민주시민으로서의 태도와 가치를 가지고서 실천적 주체자로서 사회 문제와 쟁점에 참여하고, 또 이들을 해결해 나가는 실천 역량을 길러주고자 한다. 특히 시민교육은 미래의 전환 시대를 준비하는 교육에 기여한다. 미래의 전환 시대가 가져오는 다양한 문제와 쟁점들을 슬기롭게 대처하는 데 큰 기여를 할 수 있다.

본서에서는 미래세대, 민주적 공공선, 디지털 전환, 디지털 리터러시, 인공지능, 생태시민성, 문화다양성 등 미래사회를 위한 시민교육의 키워드를 토대로 시민교육의 7가지 시선들을 다루고 있다. 또한 시민교육을 통하여 우리 사회의 현재 그리고 미래 문제와 쟁점을 적극적으로 해결할 수 있는 역량을 기르는 데 기여하고자 한다.

먼저, 1장은 학교 민주시민교육의 이해를 다루고 있다. 학교교육에서 미래세대를 위한 민주시민교육의 실천 방안과 사례, 그리고 민주시민교육의 문제와 대안을 제시하고 있다. 2장은 비에스타의 민주시민교육론과 학교교육의 역할을 말하고 있다. 여기서는 비에스타의 민주시민교육론, 복수성의 세계에서 주체화 과정으로서 민주시민교육, 비에스타의 민주시민교육 접근의 특징과 학교교육의 역할을 제시하고 있다.

3장은 디지털 전환 시대의 시민교육을 개념 중심 교육과정과 통합 교육과정의 재음미를 중심으로 다루고 있다. 여기서는 공교육과 시민교육의 관계, 디지털 전환 시대에서 시민교육의 방향, 개념 중심 교육과정과 통합 교육과정으로 본 시민교육을 살펴보고 있다. 4장은 미디어 리터러시 함양을 위한 교육 내용과 방법을 탐색하고 있다. 특히 예비교사의 멀티리터러시 함양을 위한 수업 사례 분석을 통하여 그 내용과 방법을 살펴보고 있다. 여기서는 미디어 리터러시와 디지털 시민교육, 미디어 리터러시 수업 사례 연구, 미디어 리터러시 함양을 위한 교육에 대한 제언을 제시하고 있다. 그리고 5장은 인공지능 리터러시 교육을 살펴보고 있다. 여기서는 인공지능의 개념, 인공지능 리터러시의 이해, 시민교육으로서의 인공지능 윤리, 인공지능 리터러시 교육의 지원 방안을 제시하고 있다.

6장은 생태시민성을 위한 숲 문해력의 교육과정 구성을 이야기한다. 여기서는 숲 문해력의 개념 제시, 숲 문해력을 위한 교육과정의 구성안, 숲 문해력 주제의 학년별 내용 구성을 중심으로 제시하고 있다. 마지막으로 7장은 영어 수업을 통한 다문화 교육 방법을 다룬다. 여기서는 초등예비교사를 위한 다문화 이해를 위한 영어 수업의 실제를 구체적으로 제시하고 있다.

본서는 교육부와 한국연구재단의 지원을 받아 예비교사의 시민 역량을 강화하기 위한 전주교육대학교 시민교육역량강화사업단의 사업 일환으로 출간되었다. 이 책이 미래사회의 시민교육을 실천하는 데 도움이 되길 바란다. 또한 본서를 편집하고 제작해 준 푸른길 출판사와 관계자들께 감사드린다.

2023년 6월
저자를 대표하여
이경한

차 례

1장

학교 민주시민교육의 이해

서재복

전주대학교 교육학과 교수

1. 민주시민교육의 이해

민주시민교육은 민주주의에 대한 지식과 이해를 목적으로, 민주주의 가치의 내면화와 실천을 추구한다. 민주시민교육에 있어서 민주시민교육과 시민교육의 용어에 대한 정리가 필요하다. 민주시민교육의 용어는 국가별로 차이가 있다. 독일에서는 정치교육, 미국과 영국은 시민교육, 그리고 일본은 공민교육을 사용하고 있다. 그리고 한국에서는 시민교육 혹은 민주시민교육을 혼용해서 사용하고 있으며, 두 용어의 의미는 유사하다.

민주시민교육의 궁극적 목적은 시민 스스로가 사회생활이나 정치생활에 있어서 민주적인 삶으로 방향성을 가지도록 도우며, 자신의 정체성 형성에 도움을 주는 것이다. 이를 위해서는 개인과 관련된 제반 문제에 대해 바른 정보를 가지고 올바른 인식, 합리적 판단, 그리고 행동 능력을 갖추도록 해야 한다. 민주시민교육은 민주사회에 있어서 중요한 교육이지만 민주시민교육에 대한 관점 차이에 따른 논쟁도 있다. 모두가 동의할 수 있는 민주시민의 개념을 규정하기 어렵기 때문이다(교육부 정책연구 보고서, 2015).

교육부는 민주시민교육을 넓은 의미에서 사회·정치적 질서를 구성하는 사람들이 정치적으로 영향을 주는 모든 과정을 포괄하는 과정으로 정의한다(이다현, 2018). 한편, 협의적으로는 사회·정치 생활의 참여에 필요한 자질을 갖출 수 있도록 의식적으로 계획되고 조직될 활동으로 보았다(교육부, 2015).

민주시민교육에 대한 다양한 견해에도 불구하고, 민주시민교육은 다음과 같은 기준이 필요하다. 첫째, 민주시민으로서 갖추어야 할 기본예절, 합리적이고 민주적인 정치문화 요소, 사회·정치적으로 중요하거나 현안으로 남아 있는 사태와 문제가 다루어져야 한다(김경하, 2017). 둘째, 민주시민교육은 학습자에게 정치적 광고나 교화를 주입해서는 안 된다. 셋째, 민주시민교육은 개인의 능력과 자질을 신장할 뿐만 아니라 원활한 인간관계와 의사소통을 통해서 개인적 정체성과 사회적 정체성이 균형을 맺을 수 있도록 해야 한다. 넷째, 민주시민교육은 주체성을 확장하는 것으로, 구성원 간의 의사소통과 담론을 통한 교육이어야 한다. 이 기준으로 보면 민주시민교육은 다양한 견해 속에서 민주시민의 자질인 시민성(citizenship)을 증진하는 교육으로 이해된다.

2. 학교 민주시민교육의 현실

 한국의 민주화과정에서 학교교육은 중요한 역할을 담당하였다. 그러나 오늘날 학교교육의 현실은 민주시민교육을 실행하기에는 어려움이 있다(신두철, 2019).

 첫째, 급격한 사회 변화와 더불어 구성원 간의 신뢰가 부족하여 계층 간, 세대 간, 성별 간, 이념 간의 갈등 문제로 사회 통합을 위협하고 있다. 한국의 사회갈등지수는 OECD 국가 중 높은 수준이며, 극심한 갈등은 사회의 존립을 위협할 수 있다. 따라서 성숙한 민주시민을 양성하기 위해서는 국가적인 차원에서 민주시민교육을 위한 노력이 필요하다.

 둘째, 지식 중심의 교육과 입시교육의 현실이다. 학교교육은 학생 스스로의 잠재력을 계발하여 자아실현과 시민적 역량과 자질을 함양해야 한다. 그러나 지식 중심의 교육과 입시교육이 학생의 균형 있는 성장과 발달을 저해함에도 불구하고 지속적으로 이루어지고 있다. OECD 삶의 질 조사(2017)에서 대한민국 국민이 민주시민으로서 갖추어야 할 역량은 35개국 중 최하위다. 따라서 민주시민으로서 지식, 기능, 태도 및 가치관을 함께 기를 수 있는 교육이 필요하다.

 셋째, 미래사회를 위한 구조적 변화가 필요하다. 민주적인 학교 환경을 통해 민주시민이 양성될 수 있도록 교육내용, 교수-학습방법, 그리고 학교문화의 변화 등 전반적인 변화가 요구된다. 학생을 자신의 권리와 의무, 책임을 이해하고 실천하는 능동적인 주체로 인식하고, 미래보다는 현재의 시민으로 존중해야 한다(교육부, 2018a). 미래사회에서 비판적 사고력, 창의력, 의사소통 능력, 협력은 민주시민이 갖추어야 할 중요한 능력이다(교육부, 2018). 따라서 민주시민교육은 미래사회 준비를 위한 교육혁신을 위해서 중요하다.

세계경제포럼(WEF)에서는 미래인재 핵심역량을 비판적 사고, 창의성, 의사소통, 협력 능력으로 규정하였고, DeSeCo 프로젝트에서는 미래 역량으로 적응력, 창의성, 호기심, 열린 마음 등 타인과 협력에서 새로운 가치 창출하기, 다양한 관점과 이해관계를 조화롭게 하기 위해 긴장과 딜레마 대처하기, 자제력, 자기효능감, 책임감, 문제해결력 등으로 구성하였다(교육부, 2018b). 특히 이 역량들은 청소년기에 개발되어야 하는 능력 등으로 제시하였다. 즉, 학교 민주시민교육은 미래인재를 양성하는 교육으로서 개인과 국가의 발전을 위해 우선적으로 이루어져야 한다.

학교교육에서 민주시민교육을 위해 우선적으로 해결해야 할 주요 과제는 다음과 같다(김석, 2018; 신두철, 2019).

첫째, 민주시민교육의 방향성에 대한 사회적 합의가 필요하다. 민주시민 양성은 우리 교육의 주된 이념이다. 그러나 준법의식만을 강조한 국가주의적 교육으로 민주시민교육에 대한 무관심과 오해가 존재하며, 민주시민교육의 목표, 기본 원칙, 내용 요소 등에 대한 학문적·사회적 논의와 공론화를 통해 민주시민교육의 공통기준 마련이 필요하다(교육부, 2018a).

둘째, 민주시민교육은 학습자인 학생들의 요구나 필요성을 반영해야 한다. 기존의 지식 전달 위주의 주입식 교육으로는 학생의 자율적인 참여와 비판적 사고를 높일 수 없다. 또한 수업은 협력적으로 진행하였으나, 평가는 경쟁적인 방식을 고수하여 수업과 평가를 분리시킬 경우 협력수업의 효과가 반감될 수밖에 없다(교육부, 2018b).

셋째, 민주시민교육을 위한 구체적 내용에 대한 입법 노력이 필요하다. 2015 개정 교육과정 총론에는 추구하는 인간상, 학교 급별 교육목표 등에 민주시민의 자질 함양 관련 내용을 명시하고 있으며, 사회·도덕과 등 민주시민 관련 교과에서는 교육과정 내 목표, 교과역량 및 성취기준 등을 통해 민주시민 관련 내용을 제시하고 있다(교육부, 2018a). 민주시민교육 교과의 인정과 시수 확보를 통한 민주시민교육이 체계적으로 운영되어야 한다.

넷째, 민주시민교육을 위한 교원의 전문성 신장과 수업에 대한 지원이 필요하다. 민주시민교육에 적합한 수업 유형에 필요한 교수·학습·평가 자료와 체험·참여, 학생자치를 지원할 다양한 형식의 콘텐츠가 부족하다(교육부, 2018a).

다섯째, 학교의 민주적인 교육환경이 조성되어야 한다. 성공적인 민주시민교육을 위해서는 민주적 교육환경이 필요하다. 그러나 학교 운영에 대한 의사결정과정에 각 교육 주체의 역할이 제한적·형식적이며, 실질적 의사결정 권한이 없는 경우가 많다(교육부, 2018a). 또한 학생·교직원·학부모 등이 교육 주체로서 민주시민의 역량을 강화할 수 있는 지원이 부족하다.

3. 학교 민주시민교육의 실천 방안

학교 민주시민교육을 활성화하기 위해서는 민주시민교육에 대한 구성원의 염원을 바탕으로 실천과 노력이 필요하다. 따라서 민주시민교육을 위한 환경 조성, 교육과정 운영, 교원의 역량, 그리고 민주시민교육을 위한 지원 체계 구축이 필요하다(신두철, 2019; 김석, 2018; 서재복, 2019).

미래 시민사회를 위한 시민교육의 시선들

가. 민주시민교육 환경 조성

학생들이 교육과정을 통해 배운 내용을 학교 현장에서 실천할 수 있는 교육환경이 필요하다. 학교 일상생활 속에서의 '실천학습(learning to do)'은 민주시민으로서의 자질을 함양하기 위한 공동체 속에서 '개인의 자아정체성 학습(learning to be)' 과정임과 동시에 '더불어 살아가는 학습(learning to live together)' 과정이 되어야 한다(신두철, 2019). 이를 위해서는 민주적인 의사결정 시스템 지원, 민주학교 운영, 학생자치 확대 등이 필요하다(서재복, 임명희, 2019).

첫째, 학교 민주적 의사결정 시스템 지원을 위해서 학생, 교직원, 학부모가 서로 소통과 연대를 통해 민주주의를 실천하는 민주적인 학교환경을 만들어야 한다. 민주적 의사결정을 위해서는 학교운영위원회 등 다양한 의사결정기구인 학생회, 교직원회, 학부모회의 등 민주적 방안 마련이 필요하다(신두철, 2019). 자치회가 내실 있게 운영될 수 있도록 공간과 예산 지원 및 우수사례를 통해 자치기구 활성화를 지원해야 한다.

둘째, 민주시민교육의 체계화와 안정적인 문화 정착을 위해서는 민주학교를 통해 민주시민교육 프로그램을 운영해야 한다. 민주시민교육의 목표를 달성하기 위해서는 학교생활 전반에 걸쳐 민주시민 성장을 지원할 수 있는 학교 모델을 발굴하여 확산·지원할 필요가 있다(교육부, 2018b). 교육과정에서 민주시민교육을 강화하고 민주적 학교문화 정착을 위해 노력하는 학교를 민주학교로 선정하여 지원해야 한다(박윤경, 2020). 이를 통하여 학교별 우수사례를 바탕으로 민주적인 학교문화 확산을 위해 노력해야 한다.

셋째, 학생자치와 참여는 학생 인권 보장 차원에서 필요하다. 학생들은 자치회 활동을 통해서 서로 다른 의견을 이해하고, 갈등을 해결하는 과정 지향적·협력적 활동을 통해 민주시민의 태도를 기르며, 학교 정책결정 과정에 자율적으로 참여하여 학생 스스로의 권리와 의무를 이해하고, 실천과 참여를 통해 시민적 효능감을 제고할 수 있다(교육부, 2018b). 학교 운영에서도 학생 대표가 학교운영위원회에서 의견을 제시할 기회의 보장, 공청회, 설문조사, 참여 등 다양한 방식으로 학교운영 참여가 확대되어야 한다(신두철, 2019).

그 밖에도 학생의 학습활동 참여 확대를 위해 교육과정의 제안, 선택교과 개설 요청, 학교 교육과정 편성과 운영에 학생 의견이 반영될 수 있어야 한다.

나. 민주시민교육과정의 운영

2015 개정교육과정에서 추구하는 인간상은 '공동체 의식을 가지고 세계와 소통하는 민주시민으로서 배려와 나눔을 실천하는 더불어 사는 사람'이다. 이를 위해서는 현행 교육과정에 대한 분석과 사회적 합의를 통한 국가수준의 민주시민교육 기준을 마련해야 한다. 학생들이 지식·태도·가치관을 균형 있게 함양할 수 있도록 민주시민교육의 목표·방향, 기본 원칙, 내용 요소 등에 대한 기준이 필요하다(장의선 외, 2020). 각 교과별로 관련 내용 요소의 발굴 및 분석을 통해 연계 강화 방안을 마련하고, 지식 전달 위주의 수업에서 벗어나 체험과 참여 중심의 교육과정 개발이 요구된다(한국교육개발원, 2018).

첫째, 민주시민교육을 위한 교육과정의 개정 노력이다. 체계적인 민주시민교육을 위해서는 학교급별 단계적 접근이 필요하다. 시작 단계에서는 교육과정 일부 개정을 통해 민주시민요소를 강화하고, 교과서 개정보다는 보조 교재나 콘텐츠 개발, 교사 연수 등을 통해 교육과정 재구성이 이루어져야 한다(교육부, 2018b). 그리고 중장기적으로는 모든 교과의 민주시민교육 요소를 강화하고 정책연구와 공론화 과정을 통해 시민교육 핵심과목 육성방안을 마련해야 한다(박상준, 2020).

둘째, 민주시민교육을 위한 교수-학습방법의 개선이 필요하다. 민주시민교육은 특정한 인식이나 시각을 주입하는 방식이 아니라, 학생 스스로 시민으로서의 자기 형성 과정이 필요하므로 학생들이 자신의 의견을 주체적으로 표현하고, 다른 학생과 서로 협력하여 문제를 해결하는 참여·협력형 수업으로 변화해야 한다(교육부, 2018b). 그러므로 학생들의 비판적 사고력, 협력적 문제해결능력 등을 함양할 수 있는 토의·토론, 프로젝트 수업 등 다양한 교수-학습방법을 활용해야 한다.

셋째, 민주시민교육을 위한 평가방법이 개선되어야 한다. 결과 중심의 평가에서 벗어나 학생의 성장과 발달을 위한 평가방식의 변화가 필요하다. 학습의 결과와 과정에 대한 평가를 통해 수업 속에서 지속적으로 피드백을 제공하고, 소그룹 토의와 발표, 보고서 작성, 논술형 평가 등 다양한 수행평가 방법을 활용해야 한다.

다. 교원의 민주시민 역량 강화

교원은 학교 민주시민교육에서 중요한 역할을 담당한다. 교원의 전문성 신장을 위해서 직무연수 지원 및 자격연수를 강화하고, 다양한 민주시민교육 수업 및 관련 프로그램 개발, 학생의 자치활동 지원 등 민주시민교육을 실천할 교사 양성이 필요하다(서재복, 2019). 따라서 교사양성기관에서 예비교원의 시민성과 민주시민교육 교수역량을 강화할 수 있는 교육이 필요하다. 그리고 자율적인 학습 분위기를 조성하기 위해서 교사 동아리 및 연구회, 수업 컨설팅 등을 통해 수업의 질을 높여야 한다.

첫째, 민주적 시민성 강화를 위한 시민적 가치 및 제도에 대한 연수를 통해 시민교육 담당교사를 양성해야 하며, 교사의 민주시민성을 향상시켜야 한다. 교육부는 2019년부터 교원의 시민성과 민주시민교육 역량 강화를 위한 신규·중견교사, 학교 관리자를 대상으로 원격·집합 연수를 지원하고 있다. 이뿐만 아니라 자격연수 과정에도 민주시민교육 관련 내용이 포함되어야 한다(서재복, 2019).

둘째, 예비교원의 시민성 및 민주시민교육 교수역량 강화를 위해 교육대학과 사범대학에 공모과제를 통해 행·재정적인 지원을 하고 있으나 부분적이다. 예비교원에 대한 민주시민교육 강화를 위해서는 교직과정 개편안을 마련하여 민주시민교육 중심 범교과 학습주제(인성·인권·통일·다문화·환경교육 등)를 학생 참여중심 수업 등으로 운영할 수 있도록 해야 한다(교육부, 2018b).

셋째, 민주시민교육에서 활용할 수 있는 교수–학습 자료를 개발·보급하고 인권, 통일, 미디어, 환경 등 다양한 민주적 교육의 주제별 협력학습, 토론 수업, 프로젝트 학습 교육 콘텐츠 개발과 지원이 필요하다. 그뿐만 아니라 창의적 체험활동 및 자유학기 활동에 적합한 콘텐츠도 개발되어야 한다(교육부, 2018b).

라. 민주시민교육 지원체계 구축

학교는 지역공동체로서 교육현장에 지역 자원을 적극 활용하고 확대해야 한다. 따라서 시·도교육청, 단위학교, 지역사회 간 네트워크를 통해 인적·물적 자원 활용, 체험·실천 프로그램 개발 등을 위한 협력관계를 마련하는 것이 요구된다(한국교육개발원, 2018). 이를 뒷받침할 수 있도록 관련 부처, 교육청, 학계 전문가들로 구성된 민주시민교육 거버넌스 체계가 정비되어야 한다(한국교육개발원, 2018).

첫째, 교육현장의 다양한 의견수렴과 숙의를 위해 주제별 정책협의회와 간담회를 유연하게 구성하여 운영하고, 시·도교육청 협의회를 통해 신규 사업 수요를 발굴하고, 지역별 수요에 맞는 예산을 지원하여 사업의 효율적 추진을 지원해야 할 것이다(교육부, 2018b). 이 과정에서 민주시민교육 활성화를 위해서 평가보다는 교육청의 자율성 및 자치권을 최대한 존중해야 한다.

둘째, 학교교육과 성인교육에서 접근성이 높은 시민교육 콘텐츠가 필요하다. 독일의 경우 초·중등 온라인 시민교육 사이트를 통해서 시민교육 자료 소개 및 연계를 통한 시민교육 역량을 강화하고 있다. 학교, 성인, 시민단체 등의 온라인을 통한 자료 및 경험의 공유를 바탕으로 시민사회 이슈에 대한 여론의 형성을 통해 소통과 의견 존중의 문화가 형성될 수 있을 것이다.

셋째, 민주시민교육 전문가 간담회, 공청회 등 다양한 의견수렴의 기회를 제공하여 민주시민교육에 대한 공론화 및 숙의를 유도하고, 학술대회 지원, 포럼·컨퍼런스 개최 등을 통해 민주시민교육의 필요성, 교육과정 개선에 대한 지속적인 관심 환기 및 의견을 수렴해야 한다(교육부, 2018a). 또한 민주시민교육원의 설립, 학교 민주시민교육위원회 구성, 학교민주시민교육 안내서 개발 등 다양한 노력이 필요하다.

4. 민주시민교육 운영 사례

민주시민교육은 주제와 내용, 그리고 방법에 있어서 다양하다. 민주시
민교육을 위한 동화 속의 민주시민교육의 실천 사례를 살펴보면 다음과
같다.

가. 동화로 보는 민주시민교육

민주시민교육을 위한 동화로 『늑대의 선거』와 『왕 한번 잘못 뽑았다가
큰일 날 뻔했네』를 소개하고자 한다. 이 책들은 민주시민교육에 있어서
선거의 중요성을 소개하는 것으로, 선거에 대한 올바른 인식을 제시하고
있다.

(1) 『늑대의 선거』

『늑대의 선거』(다이드 칼리, 2021)는 동물농장 대표를 뽑는 선거 내용이다.
다양한 농장 동물들이 농장 대표
의 후보로 등장했다. 돼지(피에르)
는 모두에게 더 많은 진흙을 주겠
다는 공약을 내세웠다. 암탉(잔느)
은 알을 낳지 않을 자유를 공약으
로 내걸었다. 생쥐 형제는 치즈로
하나 되는 사회를 주장했다.

그런데 새로운 후보로 늑대(파
스칼)가 등장하였다. 파스칼은 자

그림 1-1 『늑대의 선거』 표지

신을 모두의 친구라고 주장했다. 항상 당신 곁에 있는 친구가 되겠다는 공약을 걸었다. 그리고 대대적인 홍보를 시작했다. 파스칼은 동물들 앞에서 저글링 솜씨를 뽐냈다. 친절하고 말솜씨도 좋았다. 파스칼은 모든 동물을 찾아가서 인사하고 어린이들과 사진도 찍었다. 동물들은 파스칼이 다정하고 똑똑하고 미남이라고 생각했다. 결국 늑대 파스칼이 새로운 대표로 당선되었다. 그런데 파스칼이 당선된 뒤 농장에서는 이상한 일들이 일어나기 시작했다. 농장에서는 무슨 일이 일어났을까?

(2) 『왕 한번 잘못 뽑았다가 큰일 날 뻔했네』

『왕 한번 잘못 뽑았다가 큰일 날 뻔했네』(상드린 뒤마 로이, 2022) 책에서 사자, 코끼리, 기린, 악어가 초원의 왕이 되려고 나섰다. 왕의 후보들은 열심히 자신들을 알렸고, 동물들에게 여러 가지 약속을 했다. 드디어 초원의 투표 날에 동물들은 모두 투표를 했다. 투표가 완료된 후 개미들이 표를 세어 보았더니, 놀랍게도 악어가 초원의 왕으로 뽑혔다. 처음에는 모든 것이 만족스러웠다. 하지만 초원에 비가 내리지 않자, 모든 게 바뀌었다. 더구나 악어가 한 약속이 모두 거짓말로 드러났다.

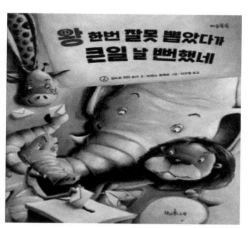

여기저기에서 불평과 후회의 목소리가 터져 나왔다. 이제 동물들은 어떻게 해야 할까?

그림 1-2 『왕 한번 잘못 뽑았다가 큰일 날 뻔했네』의 표지

나. 민주시민교육의 교재

『어린이를 위한 민주시민교육』(장석준, 2022)은 시민인 어린이 눈높이에 맞춰 친절하게 설명하는 민주시민교육 안내서이다.

『민주시민교육활동』(수업친구 더불어 숲, 2021)은 미래를 만들어가고 이끌어갈 아이들이 다른 아이들과 더불어 살아가고 사회와 삶에 대한 진정한 가치를 배우도록 하는 책이다.

『학교에서 시작하는 민주시민교육』(학교시민교육 전국네트워크, 2020)은 오늘날 학교의 현실을 점검하고 외국의 민주시민교육 사례, 생각해 볼 문제들과 교사들의 경험담을 소개한 책이다.

『끄적끄적 튀어나온 열아홉 빛깔』(강원 민주시민교육 네트워크, 2021)은 배려와 존중의 민주시민 학급을 운영하고, 민주시민교육의 가치를 공유하며 민주적으로 소통하는 학교 문화를 소개하는 책이다.

다. 민주시민교육의 지원 사례

『민주야 소풍가자』(전라북도교육청, 2021)는 전라북도교육청이 제작한 민주시민교육 안내서이다. 이 안내서에서는 시대의 불의에 외면하지 않고 당당하게 저항했던 전북 지역의 인물을 좇아 민주주의를 생각하는 현장 탐방의 길, 즉 '사월길', '오월길'을 소개하고 있다. 여기서 '사월길'은 1960년 우리 지역의 4월을 마주하는 길이다. 전북대 4·4 시위 현장에서 시작하여 '김주열 열사 생가 – 금지동초, 금지중 – 김주열 열사 추모공원'을 걷는 길이다. 그리고 '오월길'은 1980년대 민주항쟁의 함성을 따라 '국립 5·18 민주묘지 – 전북대학교 이세종 광장 – 옛 전북도청 – 옛

그림 1-3 『어린이를 위한 민주시민교육』 표지 **그림 1-4** 『민주시민교육활동』 표지

그림 1-5 『학교에서 시작하는 민주시민교육』 **그림 1-6** 『끄적끄적 튀어나온 열아홉 빛깔』
　　　　　표지　　　　　　　　　　　　　　　　　　표지

그림 1-7 『민주야 소풍가자』 보도자료

전주시청 – 옛 전주역 – 전주신흥고등학교'를 걷는 길이다. 본 안내서는 '사월길'과 '오월길'의 탐방을 위해 학생용 워크북과 교사용 가이드를 자세히 제시하고 있다. 그래서 학교에서는 현장 학습용으로 바로 사용할 수 있는 장점을 지니고 있다.

부산 민주시민교육네트워크는 '찾아가는 민주시민교육' 사업을 통하여 민주시민 관련 사업을 지원한다. 2022년도의 사업을 보면, '민주주의와 참여', '미디어와 사회' 사업을 지원하였다. 이를 구체적으로 살펴보면, '민주주의와 참여' 지원 사업은 놀이로 배우는 민주주의, 그림책과 스토리텔링으로 만나는 '내손내만' 투표와 선거, 독일 교육제도로 보는 독일 시민의 민주의식과 민주적 해결과정을 배우는 그림책 수업이 있다. 그리고 '미디어와 사회' 지원 사업은 역사 영화 바로보기, 디지털시민의 바람직한 의사소통, 가짜뉴스 탈출하기, 영화를 통한 민주시민교육, 민주시민 미디어에서 만나보다, 미디어와 정치사회, 나의 미디어 일지와 쉽게 만나는 미디어 안내서가 있다.

라. 민주시민 교실 사례

전라남도 학생교육원에서는 2022년에 찾아가는 중학생 민주시민성 키움 교실을 운영하였다. 민주시민교실 운영의 목적은 민주주의의 가치를 배우고 생활 속

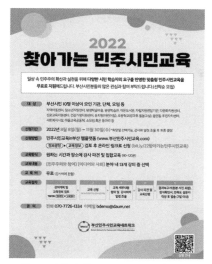

그림 1-8 '찾아가는 민주시민교육' 사업 포스터

에서 실천할 수 있는 역량 키움, 민주시민교육의 학교 현장 확산과 민주적 학교 문화의 정착 지원, 시대적 변화에 시민 민주주의 내재화를 통한 미래 공동체 역량 강화 등이다.

민주시민교실 운영 방침으로는 학교로 찾아가는 방문형 과정 운영, 일상생활 속에서 민주주의의 가치를 알고 실천할 수 있도록 운영, 학생 활동 중심 수업 설계와 실천적 활동을 통한 민주시민의식의 내재화이다.

민주시민교실은 희망하는 중학생을 대상으로 '민주주의에 대한 이해 및 민주시민의식의 실천 역량 키움'을 내용으로 하여 6시간 동안 진행하였다. 시간별 내용을 보면, 1교시: 놀이로 여는 민주주의(게임 형식을 통한 민주주의 알기), 2교시: 역사로 보는 민주주의(민주주의 역사, 우리 지역의 민주주의), 3교시: 교실과 학교에서의 민주주의(민주적 교실과 학교 문화), 4교시: 나눔과 배려의 시민의식(시민의식의 필요성과 가치), 5교시: 연결된

세계에서의 시민의식(세계 시민의식으로의 확장), 그리고 6교시: 민주주의 실천 약속 정하기(학교와 지역사회에서의 실천) 등이다.

전라남도 학생교육원에서 실시한 중학생 대상 민주시민교실 운영을 통한 기대 효과는 생활 속 민주시민교육 실천, 민주시민교육 확산과 민주적 교실 문화 조성, 그리고 시민 민주주의의 내재화 및 미래 공동체 역량 함양에 있다.

그림 1-9 용정중학교 – 찾아가는 민주시민
출처 : 호남교육신문 http://www.ihopenews.com

미래 시민사회를 위한 시민교육의 시선들

5. 민주시민교육의 문제와 대안

오늘날 학교교육, 국가와 지방자치단체, 정당, 학계, 언론, 시민사회 등 다양한 기관과 단체에서 민주시민교육을 추진하고 있다(우상욱, 2017). 1987년 민주화 이후 대한민국 민주주의를 위해 민주시민교육이 필요하다는 당위성과 공감대가 확장되었다. 그 결과 많은 기관과 단체에서 민주시민교육에 관한 다양한 노력을 하고 있으나 현실적으로는 미흡하다.

가장 큰 문제는 민주시민교육에 대한 인식의 문제이다. 대한민국에서는 민주시민교육에 대한 인식이 부족할 뿐만 아니라 중요성이 낮은 것이 현실이다. 따라서 국가적 차원, 지방자치단체 차원, 교육청, 학교 등의 차원에서 민주시민교육에 대한 인식개선을 위한 노력이 필요하다.

이를 위해서는 먼저, 민주시민교육 기반 조성이 필요하다. 민주시민의 토대를 이루는 정치문화와 정치사회화에서 지역주의, 동원정치, 토론문화의 부재, 과도한 국가주의 등으로 인하여 민주시민교육이 제대로 이루어질 수 없는 한계를 가지고 있다. 공교육뿐만 아니라 가정이나, 사회, 언론 등을 통하여 민주시민교육에 대한 기반이 필요하다(중앙선거관리위원회, 2016).

둘째, 민주시민교육 추진 체계의 구축이 필요하다. 광역자치단체와 기초자치단체 수준에서 민주시민교육에 관한 조례가 제정되어 있으나 국가 수준의 법률로는 제정되어 있지 않은 상태이다. 민주시민교육은 교육기본법, 국가교육과정에서 교육목표로 민주시민의 자질 육성을 제시하고 있고, 중앙선거관리위원회 등의 정부기관에서 시행하고 있지만 국가 전체에서 민주시민교육의 실천을 위한 체계를 강화할 필요가 있다.

셋째, 민주시민교육 전문가 양성이 필요하다. 민주시민교육은 콘텐츠와 교수법이 매우 중요한데 이에 대한 전문가가 부족하다. 민주시민교육의 수준을 높이려면 민주시민교육 전문가 육성이 필요하고, 전문가교육을 통한 효과적인 교수법이 요구된다. 민주시민교육에 있어서는 통일성, 체계성, 일관성, 중립성이 기본적으로 필요하기 때문이다.

넷째, 학교교육에서 민주시민교육의 활성화가 필요하다. 무엇보다 민주시민교육은 가정뿐만 아니라 학교교육이 중심이 되어야 한다. 그러나 학교에서는 정치적 쟁점이 있는 사안을 다루지 않을 뿐만 아니라 견해 차이가 있는 것이 현실이다.

다섯째, 시민사회에서의 민주시민교육 활성화가 필요하다. 시민교육은 시민단체를 중심으로 민주시민교육 프로그램이 운영되고 있으나 부족한 것이 사실이다. 시민사회의 경우 민주시민교육의 당위성에도 불구하고 부정적 시각이 존재하며, 정치단체 간에 민주시민교육에 대한 견해 차이도 있다.

이처럼 민주시민교육의 필요성에 대해서는 대체로 공감하지만 한계가 있다. 민주시민교육은 가정에서, 학교에서, 그리고 사회에서 동시에 이루어져야 하지만 현실적으로 여러 가지 문제가 있다. 따라서 학교교육을 통한 민주시민교육이 우선적으로 필요하며, 이를 위해 교원의 민주시민교육 교육과 학교 민주시민교육 환경조성을 위한 지원이 선행되어야 한다.

참고문헌

교육부, 2018a, 민주시민교육 활성화를 위한 종합계획, 교육부 민주시민교육과.

교육부, 2018b, 포용적 민주주의를 실현할 성숙한 민주시민 양성, 세종: 교육부.

김경아, 2017, 시민단체 시민교육의 변천과정과 특성에 관한 연구, 동의대학교 대학원 석사학위논문.

김석, 2018, 학교에서의 민주시민교육 활성화를 위한 연구, 군산대학교 교육대학원 석사학위논문.

김성수·신두철·유평준·정하윤, 2015, 학교 내 민주시민교육 활성화 방안, 한양대학교 국가전략연구소.

김용신·김형기 역, 2009, 다문화 시민교육론, 서울: 교육과학사.

박상준, 2020, 학교 민주시민교육의 현황과 방향, 민주시민교육과정 포럼, 울산광역시교육청.

서재복, 2018, 전라북도 민주시민교육 포럼, 전북평생교육진흥원.

서재복, 2019, 민주시민교육, 어떻게 할 것인가?, 전북청소년교육문화원 학술포럼.

서재복·임명희, 2019, 전라북도 민주시민교육 활성화 방안, 전북평생교육진흥원.

신두철, 2019, 학교 민주시민교육 생태계 조성과 정책방향, 한국도덕윤리과교육학회 학술대회자료집, 1-15.

신두철·허영식, 2009, 민주시민교육 핸드북Ⅱ: 방법론, 서울: 도서출판 오름.

신수연, 2019, 한국의 청소년 참여 시민교육 연구: 참여를 위한 시민교육과 참여로서 시민교육, 전남대학교 대학원 박사학위논문.

심성보, 2017, 한국 민주시민교육의 현황과 과제, 한국학논집, 67, 93-122.

심성보, 2018, 보이텔스바흐 합의와 민주시민교육, 서울: 북멘토.

유상옥, 2017, 경찰의 정치적 중립과 국민적 인식 조사 연구, 경기대학교 정치전문대
학원 석사학위논문.

음선필, 2013, **민주시민교육의 국제적 동향과 시사점**, 한국법제연구원.

이다현, 2018, 비판적 사고 촉진을 위한 시민교육의 방법적 원리 탐색, 공주대학교 대
학원 석사학위논문.

이다현·박상혹, 2019, 시민교육 활동가의 교육경험에 관한 질적 연구, **학습자중심교
과교육연구**, 19(6), 649-676.

이동수, 2017, **한국대학 시민교육의 매뉴얼**, 고양: 인간사랑.

이영제·김윤철·윤종희, 2016, **공동체와 민주주의 발전을 위한 시민교육: 시민교육
의 원칙과 현재적 과제**, 한국민주주의연구소.

장은주, 2017, **시민교육이 희망이다: 한국 민주시민교육의 철학과 실천 모델**, 서울:
피어나.

장은주, 2019, 한국의 민주시민교육: 사회적 합의의 방향과 제도화의 과제, **시민과 세
계**, 99-134.

장의선·김기철·박진용·박태준·이인태·강대현, 2020, **학교 수준 민주시민교육을
위한 교육과정 개선 방안**, 연구보고 RRC 2020-3, 한국교육과정평가원.

정용교, 2015, **세계시민교육**, 서울: 교육과학사.

정의철·이창호, 2009, **대중매체를 통한 다문화사회 시민교육 활성화 방안**, 한국여성
정책연구원.

중앙선거관리위원회, 2016, **수요자별 특성에 맞는 민주시민교육 방안**, (사)한국정치
법학연구소.

허영식, 2001, **다문화 세계화시대의 시민생활과 교육**, 서울: 강현출판사.

2장

비에스타의 민주시민교육론과 학교교육의 역할

정윤경

전주교육대학교 초등교육과 교수

1. 서론

차이와 다양성이 점증하는 시대를 맞아 나와 다른 차이를 보이는 이들과 어떻게 함께 살아갈 것인가 하는 문제에 직면해 있다. 따라서 민주시민교육이 중요하고 민주시민교육의 센터로서 학교교육의 역할이 중요하다는 데에 이견이 없다.

민주주의와 사회적 포용은 세계화라는 압박하에 점점 더 이질화되어가는 사회를 하나로 유지하는 데에 없어서는 안 될 요소이다. 살아 있는 공동체로서의 민주주의는 우리 사회 전체가 더욱 발전하고 향상될 수 있도록 열린 구조와 과정을 만들어야 할 책임이 있다.

이러한 민주주의를 계속해서 재획득해야 한다. 항상 새로 배울 것이 요구되는 것이다. 학교는 그렇게 하기 위한 이상적인 터전이며, 성숙한 시민을 키워내는 일은 모든 학교의 핵심 과제이다(조현희 외, 2021, 23).

교육기본법[1]에서도 명시하듯이 민주시민을 길러내는 일은 학교교육의 핵심 사안이다. 다양한 민주시민교육에 대한 논의가 이루어지고 있다. 본 장에서는 비에스타(G. Biesta)[2]의 민주시민교육의 관점을 조망하

그림 2-1 비에스타

고, 그 관점에서 민주시민교육을 위한 학교교육의 역할을 탐색할 것이다. 그렇다면 왜 비에스타의 민주시민교육론인가? 간단히 말하면 그의 민주시민교육에 대한 문제의식에 동의하기 때문이다.

비에스타는 차이와 다양성이 점증하는 시대에 다양성 속에서 합의된 보편적 원칙, 민주시민에게 필요한 자질이나 도덕성을 교육하기 전에 미리 찾고, 규정해서 그것을 가르치는 것만으로는 한계가 있다고 생각하며, 따라서 민주시민교육에 대한 열린 접근의 필요성을 강조한다. 우리는 오늘날 보편적인 것으로 확신해온 것들이 도전 받는 시대를 살고 있다. 비에스타(2006, 174-178)에 따르면, 우리는 보편적 가치와 진리의 가능성에 대한 회의, 인간 존재의 본질에 대해 알 수 있다는 것에 대한 회의와 휴머니즘에 대한 비판, 그리고 소비자로서의 주체라는 특정한 주체를 생산하는 세

---

1. "교육은 홍익인간의 이념 아래 모든 국민의 인격을 도야하고 자주적 생활능력과 민주시민으로서 필요한 자질을 갖게 함으로써 인간다운 삶을 영위하게 하고, 민주국가의 발전과 인류 공영의 이상을 실현하는 데에 이바지함을 목적으로 한다."
2. 비에스타는 아일랜드 메이누스 대학교(Maynooth University)의 공교육 및 교육학 센터(Center for Public Education and Pedagogy) 교수이자 영국 에딘버러 대학교(University of Edinburgh)의 모레이 하우스 교육 및 스포츠 학교(Moray House School of Education and Sport)의 교육이론가 및 교육학 교수이다. 현재 교육과 민주주의, 민주화에 초점을 둔 교육이론에 대해 집필 중이며, 저서로는 『학습을 넘어』(Beyond Learning, 2006), 『가르침의 회복』(The Rediscovery of Teaching, 2017), 『세계중심 교육』(World Centred Education: A View for the Present, 2022) 등이 있다(https://www.gertbiesta.com 참조).

계화된 자본주의 시대에 살고 있다. 차이와 다양성이 점증하는 시대에 나와 다른 타자와 함께하기를 고민하는 시민교육은 다양성 속에서 합의된 보편적 원칙을 찾거나, 교육하기 전에 미리 규정된 시민성을 위한 지식과 기술을 가르치는 것으로는 한계가 있고, 오히려 열린 접근이 타당할 수 있다고 생각한다. 또한, 신자유주의의 확산으로 교육은 주로 개인의 성공과 욕망 실현이라는 개인적·도구적 관점에서 접근되면서 학교교육의 공적 가치가 경시되고 있다. 따라서 교육의 공적 가치를 강조하는 관점에서 민주시민교육을 탐색하는 비에스타의 논의를 조망할 필요가 있다.

이런 문제의식에서 비에스타의 민주시민교육 논의를 살펴보고, 학교교육의 역할을 탐색하고자 한다. 이를 위해 여기서는 민주시민교육 논의에서 '왜 비에스타인가?'를 민주시민교육론의 가정에 대한 비에스타의 비판을, 아렌트의 논의에 기초하여 '공적영역 창조'라는 공공성을 위한 교육의 역할을 강조하는 비에스타의 민주시민교육론을, 그리고 민주시민교육론 실천의 장으로서 학교교육의 역할을 탐색할 것이다.

2. 왜 비에스타의 민주시민교육론인가?

가. 열린 민주시민교육 접근의 필요성

교육학은 절대적이고 보편적 진리에 대한 확신과 합리적 주체를 가정하는 근대 철학적 토대 위에서 성립된다. 교육(학)은 합리적 자율성을 가진 인간 형성을 추구해 왔다. 바람직한 인간 형성을 목적으로 지식을 가르침으로써 합리적인 교육받은 인간 형성을 해 온 근대교육은 합리적 공

미래 시민사회를 위한 시민교육의 시선들

동체 형성을 이루어 왔다. 그런데 후기-근대사회인 오늘날은 절대적 진리와 보편성에 대해 회의하는 시대이다. 이것을 교육과 관련지어 이야기하면 다음과 같다.

학교교육은 특정 방식으로 말하고 행위할 수 있게 함으로써 학생들을 합리적 공동체에 입문시킨다. 그런데 합리적 공동체가 구성될 때마다 그 범주에 속하지 않는 이방인이 지속적으로 생겨난다. 이질성이 점증하는 오늘날 다른 사람과 어떻게 함께 살아갈 것인가의 문제가 대두된다. 바로 비에스타는 이러한 이방인들의 목소리에도 주목한다.

비에스타(2006, 126-128)가 학교교육이 합리적 공동체의 재생산으로서 기능한다는 것을 부정하는 것이 아니다. 다만 이 세계가 합리적 공동체뿐이라면, 누가 이 세계에 살고 누가 살지 않는지는 중요하지 않다. 결국 우리는 대체가능한 존재가 되고 만다. 다른, 즉 공통성 없는 사람들의 공동체가 교육에서 중요한 이유이다. 교육에서 우리가 할 수 있는 일은 다르고 낯선 타자성을 만날 기회가 있다는 것, 거기에서 학생들이 자신의 방식으로 응답할 수 있게 하는 것이다. 이런 점에서 비에스타(2006)는 합리적 공동체를 구성하는 지식의 형식, 논리, 가치 등을 획득함으로써 교육받은 인간이 되는 '획득으로서 학습'과 구분해서 '응답으로서 학습' 가능성을 역설한다. '응답으로서 학습'이란 이미 존재하는 것을 재생산하는 것이 아니라, 낯설고 다르며 성가시고 심지어 방해되는 것에 응답할 때 배우는 것을 의미한다.

비에스타(2006, 41)는 민주교육을 민주적 개인을 생산(만들기로서 교육)하는 관점에 반대하고, 이와 달리, 인간 존재가 복수성과 차이의 세계에서 행위하고 출현할 수 있는 방식으로 접근할 것을 제안한다. 따라서 그는 '주체란 누구인가?' 하는 실체론적 질문 대신 '고유함을 가진 주체는 어떻게 세계 속으로 오는가?'라고 물으면서, 교육을 주체와 주체 '사이'인 상호주관성(inter-subjectivity)이라는 미지의 공간에서 탄생되는 '탄생성 으로서 교육', 주체가 자기 고유함을 세계 속에 드러내는 '주체화(subjec-tification)의 과정', 복수성의 세계에서 함께하기인 '세계성의 창조'라는 아이디어로 민주시민교육을 탐색한다.

나. 공적 영역의 창조로서 민주시민교육

Marquad(2004; 비에스타, 2012, 685 재인용)는 공적 영역이 시장의 논리 와 개인의 이익이 지배적이기 때문에 위협받고 있다고 비판한다. 신자유 주의 확산으로 시민도 공공선에 관한 민주적 논쟁이 아니라, 공적 서비스 의 소비자로 변화하고 있다.

교육에서도 시장의 논리가 지배적이다. 신자유주의 경제 환경과 그에 따른 생활세계의 재구조화는 공론장(the public)의 약화와 붕괴를 초래 하였고, 그 결과 학교교육에서 가장 치명적인 영향을 받은 분야는 시민 교육과 같이 가치 규범적 지향을 목표로 하는 영역이다(비에스타; 조상식, 2019, 215 재인용). 인간의 활동 영역을 공적 영역과 사적 영역으로 나누어 논의하는 아렌트(H. Arendt)[3]는 그 차이가 분명했던 고대사회와 달리, 근

---

3. 아렌트(1906-1975)는 독일 유대인 가정에서 태어나 유년 시절을 보냈고, 하이데거, 후설에게 수학하고 야스퍼스의 지도를 받아 박사학위 논문을 썼다. 스승 하이데거가 인간의 본질을 '죽음' 으로 본 것과 달리, '탄생성' 관점을 새롭게 말하면서 인간과 세계의 본질을 설명한다. 이후 유대 인에 대한 탄압이 커지면서 독일을 떠나 프랑스에서 반유대정책에 대한 반대에 가담하다 수용 소에 강제 구금되었고, 1941년 미국으로 망명한다. 18년간 무국적자로 살다가 1950년에 미국 귀화 시민이 되었으며, 1959년 이후 프린스턴 대학에서 교수직을 지냈다. 저서로 『전체주의의 기원』(1951), 『인간의 조건』(1958), 『과거와 미래 사이』(1961), 『예루살렘의 아이히만』(1963) 등이 있다.

대 들어서면서 공적 영역이 사라지고 있다고
비판한다. 자아에 대한 배타적 관심 속에 타
인과의 관계는 오직 나의 생존과 번영을 위
해 맺는 비즈니스 관계처럼 되어버리고, 복수
의 인간들이 소통했던 공간은 자신의 이익이
라는 하나의 목적만을 지닌 고립된 개인들이
고독한 대중으로 채워지고 있다는 것이다(정

그림 2-2 아렌트

윤경, 2022, 58). "인간은 노동하면서 세계와도 타인과도 함께하지 않으며
스스로 생존해야 한다는 적나라한 필연성에 직면하면서 자기 육체와만
함께한다."라는 아렌트(1958, 277)의 지적은 오늘날 한국 청년 세대 각자
도생의 삶(김홍중, 2015)에도 그대로 적용된다.

경쟁 속에서 개인의 생존 문제에 몰두할 수밖에 없는 사회에서, 공적
영역에 대한 관심을 어떻게 일깨울 수 있을까? 생존의 불안을 해소하기
위한 노력은 경제적인 문제나 사적인 문제에 한정된 것이 아니다. 오히
려 이러한 문제를 공적 영역에서 이야기하고 정치적 논의를 통해 풀어가
야 하는 문제라는 점에서, 아렌트의 '공적 영역' 대 '사적 영역'의 구분이
나 경제적 문제를 사적 영역에 국한한 것이 지나치게 이분법적 구분이라
고 비판[4]할 수 있다(정윤경, 2022, 59). 하지만 공적 영역 회복의 필요성을
실감하기 때문에 교육의 공적 가치를 강조하면서 시민교육론을 탐색하
는 비에스타의 논의를 살펴볼 필요가 있다.

---

4. 공적 영역과 사적 영역, 사회적인 것과 정치적인 것의 명확한 구분 위에서 전개되는 아렌
   트 논의는 많은 비판을 받기도 한다. 예를 들어, 하버마스는 정치에서 경제적인 것을 완전
   히 배제함으로써 현대사회에 적용 불가능한 정치로 귀결한다고 비판하며, 번스틴은 사회적
   인 것과 정치적인 것의 분리 불가능을 강조하며 아렌트의 이분법적 구도를 비판한다(정미라,
   2015, 251 재인용).

3. '복수성'의 세계에서 주체화 과정으로서 민주시민교육[5]

비에스타의 민주시민교육론은 아렌트의 논의에 기초한다. 비에스타는 왜 아렌트의 논의에 주목할까? 그것은 아렌트가 공적 영역의 회복을 역설하고, 그렇게 역설하면서도 개인의 다양성을 인간 실존의 조건으로 보고, 보편적인 하나의 목소리에 의존하기보다는 복수성의 세계에서 세계와 함께 세계 창조를 강조하기 때문이다. 즉, 비에스타는 공적 영역의 창조는 도덕적 사회화의 결과물이 아니라, '정치적 삶 자체'라고 보는 아렌트의 입장에 기초하여 민주시민교육론을 탐색한다.

또한 근대교육학의 '만들기로서의 교육'에 비판적인 비에스타는 아렌트의 '탄생성(natality)' 개념에 기초하여 개인의 주체화로 교육에 접근한다. 비에스타는 아렌트의 탄생성 개념을 적극적으로 수용하여, 교육을 타자와의 상호주관성이라는 미지의 공간에서 우연히 펼쳐지는 탄생성으로 이해하고, 행위(action)로서 교육을 제안한다(우정길, 2014). 탄생성으로서 교육이란, 교육을 개별적 인간이 세계 속으로 오는 탄생성의 사건이며, 탄생을 통해 세계에 지속해서 새로움을 소개하는 활동(조나영, 2020, 9)으로 이해하는 것을 말한다. 아렌트의 탄생성 개념은 모체에서 태어나는 제1의 탄생의 의미에 그치지 않고, 말과 행위를 통해 자신의 정체성을 지속적으로 새롭게 구성해가면서 공동의 세계에 참여함과 동시에 새로운 공동세계를 창조해 가는 것을 포함한다. 아렌트는 이러한 개인적·사회적 창조의 과정을 '제2의 탄생'이라고 부른다.

요컨대 비에스타에게 교육이란, 나와 다른 타자들과 함께 살아가는 복

---

5. 이 장은 정윤경(2022)의 내용을 재구성하였음.

수성의 세계 안에서 세계와 함께 자기 고유함을 드러내는 '탄생성'의 과정이자 세계 속에서 자기 자리를 찾아가는 '주체화 과정'이다. 복수성의 세계 속에 개인이 출현할 수 있도록 하는 과정은 공적 영역에 출현하는 것이며, 그 과정은 필연적으로 나와 다른 타자와 어떻게 함께할 것인가의 문제를 포함한다는 점에서 비에스타의 교육에 대한 이해는 민주시민교육론과 다르지 않다.

우리는 '행위[6]'함으로써 세계에 고유성을 드러낸다. 행위는 자유와 긴밀하게 관련 있다. 아렌트의 자유 개념은 자유주의의 자유관과 다르다. 아렌트(1958, 238-239)는 자유가 내적 감정이나 사적 감정이 아니라, 필연적으로 공적이며 정치적 현상임을 강조한다. "정치의 존재 이유는 자유이며, 그것을 경험하는 장이 바로 행위"라고 주장한다(비에스타, 2006, 150 재인용).

아렌트에게 '자유'는 주도적으로 새롭게 무엇인가를 시작하는 행위이다. 그런데 자유와 행위의 조건은 복수성(plurality)[7]이다. 즉, 말과 행위로 자신을 드러내는 나의 주도적인 시작은 거기에 반응하는 타자를 필요로 한다. 그리고 타자의 반응은 내가 원하는 대로 일어나는 것이 아니다. 따라서 아렌트는 자유와 주권(sovereignty)을 동일시하는 것이 옳지 않다고 강조한다(아렌트, 1958, 299). 즉, 어떤 것을 시작할 수 있지만, 그것의 결

---

6. 아렌트는 인간의 세 가지 근본 활동을 '노동', '작업', '행위'라고 한다. 이 중 사물이나 물질의 매개 없이 인간 사이에서 직접적으로 수행되는 유일한 활동을 '행위'라고 본다. 행위한다는 것은 주도권을 갖고 새로운 시작을 하는 것이고, 이것은 세계에 새로움을 가져오는 것이다. 우리를 이 세계에서 고유한 존재로 만드는 것은 무엇인가를 할 잠재력이다. 우리는 말하고 행위함으로써 세계에 새로운 시작을 가져올 수 있다(아렌트, 1958: 55, 237).
7. 아렌트는 '보편적 인간(Man)'이 아닌 '복수의 인간들(man)'이 지구 안에서 살아가는 것을 인간의 조건으로 본다. "어떤 누구도 지금껏 살았고, 현재 살고 있으며, 앞으로 살게 될 다른 누구와도 같지 않다."(아렌트, 1958, 56-57).

과를 통제하거나 예상할 수 없다. 이것은 민주시민교육을 개인의 자유와 권리 보장에 초점을 두고 이해하려는 경향에 시사하는 바가 크다.

이상에서 볼 때, 아렌트는 복수성의 조건에서 공동의 행위가 가능한 것은 공통의 토대(덕목이나 시민성)에 의한 것이 아니라는 입장이다. 바로 이 점이 아렌트의 정치철학이 공동체주의자들과 다르고, 비에스타의 민주시민교육에 대한 논의가 기존의 덕 이론과 다른 지점이다. 비에스타는 차이를 극복하고 공통의 토대를 형성하기 위한 도덕성의 형성을 통해 민주시민을 교육하자고 주장하는 대신, 차이를 지닌 다양한 인간들과 함께하는 공론장에서 행위할 수 있는 기회를 제공할 것을 강조한다.

아렌트가 복수성의 세계에서 서로 다른 타자 간에 연결될 수 있다는 가능성을 인정하지만, 그 연결은 보편적인 하나의 목소리로 수렴되는 것이 아니라, 항상 차이, 즉 복수성의 조건에서의 연결을 강조한다. 아렌트가 이토록 복수성을 강조하는 것은 공통의 토대를 강조하는 것이 너무 쉽게 전체주의로 흐를 수 있다는 것을 경계하기 때문일 것이다. 그렇다면 공통된 토대 없이 어떻게 타자들과의 연결이 가능하고, 그러한 정치적 행위의 장에서 어떻게 판단할 수 있는가? 이 질문에 아렌트는 칸트의 『판단력 비판』에 나타난 취미 판단을 정치적 맥락에서 재해석하면서 해결하고자 한다.[8]

아렌트가 판단 과정에서 타인과 연결되는 두 계기로 보는 것은 '자신의

---

8. 칸트는 개인이 아름답다고 여기는 취미 판단이 추론 과정을 거치지 않고도 타당한 것은 다른 사람들의 '동의'를 요청하고, 따라서 '주관적 보편성'을 갖기 때문이라고 설명한다. 아렌트는 판단(judgment) 개념을 칸트의 취미 판단에 들어 있는 공적 요소에 주목하여 이를 타인과 함께하는 공적 영역에서 작동되는 공동의 감각으로 적극적으로 재해석한다(박은주, 2020, 269). 다시 말해 복수의 인간들이 살아가는 세계 속에서 내가 판단하고 결정하지만, 그것은 나 개인의 전적인 결정이 아니라, 공동의 세계를 살아가는, 그래서 합의에 도달해야 함을 알고 있는 사람들과의 예상된 의사소통을 거쳐 판단해야 한다는 말이다.

이해관계로부터 거리두기'와 나와 다른 '이방인성을 가진 타자의 현존에의 요청'이다(비에스타, 2012, 690). 즉, 서로 다른 사람들이 이해하고 연결되기 위해서는 관용이나 박애와 같은 덕목이나 공통의 시민성을 갖춤으로써가 아니라, 나의 사적인 이해로부터 거리를 두고, 나와 다른 이방인성을 허용해야 한다.

이방인의 시민성이란, '공동의 토대 위에서 함께 함'이 아니라, '공동의 세계에 관한 관심'이다(Gordon, 2001; 비에스타, 2012, 690 재인용). '공동의 토대'란 바우만(2000, 286)이 '위험으로 가득한 복잡함에서 물러나 안식처로 가고 싶은 충동이 보편적'이라고 말한 것처럼, 다양성 속에서 쉽게 의지하고 싶은 해결책이다. 그런데 이것은 결국 타자의 목소리를 지울 수밖에 없는, 즉 이방인을 배제할 수밖에 없는 난점을 갖는다. 따라서 비에스타는 이방인들의 목소리를 허용하면서 모든 인간이 살아가는 하나의 공동의 세계에 관한 관심에 기대고 있다(정윤경, 2022, 69).

요컨대 비에스타는 민주시민의 모습을 아렌트가 구상한 복수성의 세계에서 행위하는 정치적 주체로서의 시민상에서 찾는다. 그러나 정치적 존재로서의 시민성은 교육하기 전에 미리 규정된 민주시민성의 자질을 가르침으로써 가능한 것이 아니다. 공적 영역에서 복수의 타인들과 함께 하는 것임을 강조한다. 아렌트 논의에 기초하여 비에스타(2019, 23)는 민주적으로 함께 살기의 핵심은 '항상 원하는 것을 가질 수 있는 것은 아니라는 것, 다시 말해 민주주의는 공적 영역에서 자기제한(self-restraint)이 필요하다고 말한다. 공적 영역의 삶은 나의 욕망대로 이루어질 수 없기 때문이다. 교육의 역할은 이 과정에서 아이들이 '성숙한 방식으로'(비에스타, 2019, 24) 세계 속에서 세계와 함께 자기 고유함을 드러내 가는 과정이라고 강조한다. '성숙한 방식'이란 결국 아렌트가 말한 판단의 두 계기(한편으로는 개인적 이해관계나 이익으로부터 거리를 유지하고, 다른 한편으로는 나와 다른 이방인성을 지닌 타자의 현존을 요청)를 포함하여 판단하고 행위하는 것을 의미한다.

4. 비에스타 민주시민교육론의 특징과 학교교육의 역할

가. 비에스타 민주시민교육론의 특징

(1) 공적 영역의 중요성과 교육의 공적 가치를 강조한다.

비에스타의 민주시민교육론은 신자유주의 확산으로 쇠퇴해 가는 교육의 공적 가치 회복을 꾀한다. 그런데 공적 영역과 공적 가치를 강조하지만, 그 근거를 인간의 공통된 본성에서 찾는 것이 아니라, 다양한 차이에도 불구하고 모든 사람이 공동의 세계에 대한 관심을 놓지 않는 것임을 강조한다. 공동의 세계에 대한 강조와 복원은 결국 사익이나 사적 관심에 국한된 것을 넘어 공동의 이익과 공동선을 강조하기 위함이다. 공적 영역을 강조하지만 합의된 보편적 공동체 가치를 강조하는 방식이 아니라, 서로 다른 인간들이 살아가는 공동의 세계에 관한 관심을 촉구하고 복수성의 세계에서 함께하기를 통해서이다.

(2) 가르침이 아니라 과정에서 민주주의 학습을 강조한다.

비에스타의 민주시민교육론은 미리 규정된 시민성을 구성하는 지식, 기술, 역량을 가르치는 것을 강조하는 대신, 복수성의 세계에서 개인이 자기 고유함을 드러내는 과정에서 세계를 만나고 연습하며 실천함으로써 민주주의를 경험하고 실천하게 할 것을 강조한다. 비에스타는 세계 속에서 세계와 함께 개인의 고유함을 드러내는 과정에서 마주하게 되는 저항과 한계를 인정한다. 예컨대, 내가 생각하고 계획한 것에 대해 나와 다른 생각이 있는 사람들이 이의를 제기하는 것부터, 내가 하고자 하는 것에 대한 물질세계로의 저항도 있을 수 있다. 자기 파괴와 세계 파괴라는 양극단을 피해 자기 고유의 자리를 찾아가는 주체화 과정이 바로 민주시민의 삶의 방식을 연습하고 실천할 기회이다.

(3) 민주시민교육의 정치적 측면을 강조한다.

학생들은 학교 안팎의 삶에서 차이와 이질성에 직면할 수밖에 없다. 학생들이 살아갈 세계가 복수성이 존재하며 그들이 복수성 속에서 함께하는 것이라면, 이것은 공적 영역에 관한 질문과 관련된다. 공적 영역에 관한 논의와 실천은 정치적인 것과 중첩되므로 교육이 정치적인 것과 중첩되고 만나는 일은 당연하다. 그런데 한국 교육은 '정치'적인 것에 매우 민감하고 교육에서 정치적인 것을 피하려고 한다. 이것은 정치적 편향성의 우려 때문일 것이다. 그러나 민주시민교육은 정치적 차원 없이 불가능하다. 이런 점에서 정치적 시민성 차원을 강조하는 비에스타의 논의는 의의가 있다. 다원화된 현대사회에서 중요한 민주시민교육은 민주적인 토론과 소통문화가 교사와 학생의 배움 속에 살아 있을 때 가능한 것이지, 민주시민이 지녀야 할 덕목과 자질을 가르치는 것만으로 가능하지 않다.

나. 학교교육의 역할

오늘날 학교교육을 바라볼 때, 사회와 교육의 관계를 도구적이고 일방향에서만 바라보는 것이 일반적이다(사회를 위해 학교는 무엇을 해야 하는가의 입장). 민주시민교육 부문도 예외가 아니어서, 민주시민교육의 통상적 가정은 교육을 '민주주의 실현'이라는 특정의 목적을 위한 것으로 접근한다. 이럴 경우, 교육은 목적 실현을 위해 도구적이고 수단적으로 접근하게 된다. 그렇다면 민주주의와 교육 간의 다른 관계 방식은 가능할까?

학교의 기원은 고대사회로까지 거슬러 올라가며, 학교(school)의 어원인 스콜레(scholè : 여유, 한가로움)가 의미하듯이, 자유 시간을 의미했다. 근대화되면서 사회의 제반 기능이 분화되고 그중 교육의 기능이 특화된 곳이 '학교'이다. 따라서 근대학교는 교육받은 노동력의 충원을 요구받는다. 다시 말해 사회에 필요한 지식과 기술을 가르치는 사회화로서의 기능, 그리고 그 사회를 살아가는 데 필요한 자격을 갖추게 하는 졸업장과 자격증을 갖추게 하는 것은 학교교육의 중요한 기능이다.

비에스타(2022, 19)는 근대학교의 발달 과정에 존재하는 구조적 긴장에 주목한다. 사회가 학교로부터 원하는 것과 학교가 사회와 거리를 유지하고자 하는 것 사이의 긴장이다. 즉, 학교는 사회로부터 특정한 수행을 요구받지만, 동시에 본래 어원이 갖는 자유 시간을 유지하기 위해 사회로부터 거리두기를 원하기도 한다. 오늘날 학교교육의 역할은 이러한 긴장 중 일면만이 부각된다. 즉, 학교는 급변하는 사회의 요구에 부응하는 곳으로서 기능이 강조된다. 오늘날 우리가 교육의 질을 따지고 변화하는 사회에서 교육의 역할을 따져 묻는 것도 이런 측면에서이다. 그런데 비에스타(2022)는 '오래되고, 숨겨져 있어 거의 잊혀진' 학교의 역사적 관점에서 학교교육의 역할을 조명한다. 이런 관점에서 보면, 학교는 가정이라는 사적 영역과 사회라는 공적 영역의 '중간지대'로서의 역할을 하는 곳이다. 이런 학교관은 학교를 사회를 위한 기능 수행의 관점으로 바라보는 것이 지배적인 오늘날, 학교를 사회로부터 분리해서 유예의 시공간에서 자기 세계를 찾고 성장해가는 곳으로 보는 마스켈라인과 시몬스(2020)의 학교 변호론과도 닮아 있다.

요컨대 비에스타의 민주시민교육론이 실현되기 위해서는 복수성의 세계에서 자기 고유의 자리를 찾는 주체화 과정에서, 자기 파괴와 세계 파괴 양극단을 피하고 성숙한 방식으로 세계 안에서 거주하는 연습을 하고 실천하는 유예의 시공간이 필요하다. 바로 이것이 학교의 역할이다.

(1) 개입, 지연, 지지의 장으로서 학교

민주주의 실현을 위한 학교교육의 과업은 학생들이 세계와 만날 수 있도록 '개입'하고, 세계와의 관계에서 성숙한 방식을 찾도록 최대한 속도를 늦춰 '지연'하며, 학생들이 어려움을 견디고 세계와 만날 수 있도록 '지지'해 줄 특별한 장소와 시간이 필요해서이다(비에스타, 2019, 29-30).

'개입'한다는 것은 학생들이 교육을 통해 덥수룩한 세계에만 갇혀 있지 않고, 현실이 개입할 가능성을 갖게 하자는 것이다. 즉, 이 세계에서 자신이 원하는 바대로 되지 않는다는 현실을 만날 수 있게 하자는 것이다. 비에스타는 오늘날 아동과 청소년을 교육의 중심에 두는 것이 민주적 교육의 핵심인 것처럼 제시되는 점에 비판적이면서, 학생들의 자유에 한계를 지어줄 세계와 만날 수 있도록 개입하는 것을 중시한다.

'지연'을 강조하는 것은 민주시민교육은 최대한 느린 과정에서 견딤을 통해 성숙한 방식으로 자신의 욕망을 실현하고 세계 속에서 자기 자리를 찾도록 최대한 시간을 주기 위함이다. 학생들의 자치 활동을 통한 의사결정과정[9]뿐만 아니라, 정원 가꾸기, 동물 기르기 같은 활동 역시 자신의 욕망을 직면하고 조절해가는 실제적 연습 과정에 도움이 된다.

'지지'란 말 그대로 학생들을 믿어 주고 지원하는 것을 말한다. 학교는 학생들이 세계를 만나고 세계 속에서 자신을 만나는 과정에서 성숙한 방식을 찾아갈 수 있도록 시도하고 다시 도전하며 실천할 수 있도록 지지와 양분을 제공해 줄 수 있어야 한다.

(2) 유예의 시공간, 중간지대로서 학교

유예란 '작동을 멈춘'의 의미로 자유로워진 시간 또는 생산성으로부터 거리를 둔 시간을 의미한다(마스켈라인, 시몬스, 2020, 51).

비에스타는 교육을 세계 속에서 각자 개인이 자기 고유함을 드러내는 과정인 주체화의 과정으로 접근한다. 그러나 복수성의 세계에서 타자와 함께하기는 현실 세계의 요구와 장벽에 부딪힐 수밖에 없다. 학생들은 각자의 고유함을 드러내면서 이 세계 속으로 온다. 그러나 우리가 살아가는 지구라는 세계, 작게는 사회라는 세계는 나와 다른 차이를 지닌 복수성의 세계이다. 세계에서 나의 욕망을 실현하는 일은 한계에 부딪힐 수밖에 없

---

9. 제천 간디학교 교장 이병곤(2022)은 '모두를 위한 화장실' 만들기 프로젝트 사례에서 학교 교사회와 학생회가 보여준 지난한 과정을 겪으면서 '합의 독재'에 대한 열망이 있었지만, 결국 모호함을 견디며 개인적 욕망을 좀 더 숙고한 형태의 욕망으로 치환하는 작업이 민주주의를 배우는 과정이고 그것이 바로 비에스타의 민주시민교육론의 요체임을 보여준다. 이와 같이 서로 다른 사람간의 의사결정 과정이 민주시민교육의 연습의 좋은 실천 사례임은 분명하다.

다. 이런 실존적 도전은 매우 어려운 자기 파괴[10]와 세계 파괴[11]라는 양극단 사이에 머무르기를 시도한다.

중간지대란, 아렌트가 물리적으로 사적인 가정과 생산의 영역인 사회 사이를 뜻하며, 또 비유적으로 '세계 안에서 편안함'을 느끼는 것이며, '현실 세계 속에서 자기 자신과 타협점을 찾는(reconcile)(비에스타, 2022, 44-49 참조) 것을 의미한다. 이러한 실존적 도전 앞에서 '성숙한 방식'으로 자신의 욕망을 드러내고 실현할 수 있게 개입하는 과정이 바로 교육의 역할이다. 자기 고유함을 드러내는 주체화의 과정은 자신만의 삶의 방식으로 살아가는 것이 아니라, 성숙한 방식으로 타자와 함께하기를 연습하고 실천해가는 것이다. 이 과정은 구체적으로 '자신의 사적인 이해관계로부터 거리두기'를 하고, 나와 다른 '타자성을 가진 타자와 함께하기'를 할 때 가능하다.

교육자의 역할 역시 미리 규정된 시민성의 구성 요소를 가르치는 데 국한되지 않는다. 비에스타(2019, 24)에 따르면, 교육자의 역할은 학생들이 무엇을 욕망하고, 무엇을 욕망하지 말아야 하는지 말해 주는 것이 아니다. 이것은 우리의 판단에 학생들을 전적으로 의존하게 만들기 때문이다. 오히려 우리는 "내가 원하는 것이 바람직한가?"라는 질문을 평생 그들이 갖고 살아가야 하는, 살아 있는 질문으로 만들 수 있게 아이들을 돕고 용

---

10. '자기 파괴'란 우리가 세계의 저항을 만나 경험하는 좌절감으로 이것이 극에 달할 경우 실현하고자 하는 것을 포기하거나 더 이상 노력을 기울이지 않는 것을 말한다. 이렇게 되면 세계 속에서 존재하게 될 가능성을 스스로 파괴해 버리는 것으로 비에스타(2019)는 이것을 '자기 파괴'로 표현하고 있다.

11. '세계 파괴'란 나의 계획이 세계에 현실화되고 안착할 수 있도록 너무 세게 밀어붙일 때 생길 수 있다. 예컨대 내가 조각품을 조각하는 경우, 나의 의도대로 되지 않아 돌덩이를 너무 세게 망치로 두들겨 돌덩이를 깨뜨리거나, 또는 우리가 동료를 너무 세게 몰아붙여 그들과의 관계를 파괴시키는 것이 여기에 해당한다. 비에스타(2019)는 이것을 '세계 파괴'로 표현한다.

기를 주는 것이다.

(3) 도전과 실천의 장으로서 학교

비에스타(2010)는 민주주의 교육이 미래의 정치 생활 참여를 위한 준비로 간주해서는 안 되고 오히려 학교 안팎에서 정치적 존재의 기회를 만드는 데 초점을 맞춰야 할 것을 강조한다. 김누리(2022)가 '민주주의가 결판 나는 곳은 투표장이 아니라 교실이다. 교실은 민주주의의 훈련장이기에 한 나라가 성취한 민주주의의 수준은 교실에서 결정된다'고 하는 것도 이런 맥락에서이다.

민주시민교육은 훗날의 민주주의 실현을 위해 필요한 무엇인가를 배우는 것이 아니라, 지금 여기에서 나와 다른 타인과 함께 살아가는 것을 어떻게 할지 고민하며 실천하는 장이 되어야 한다. 비에스타의 민주시민 교육론의 초점은 민주시민의 자질과 특성에 해당하는 지식과 기술을 가르치는 것에서 학교 안팎의 구체적 상황에 참여하고 실천하는 과정을 통해 민주주의를 배우는 것을 강조한다. 이것은 민주시민성의 가르침으로부터 민주시민성을 연습하고 실천함으로써 학습하는 것으로의 전환을 뜻한다.

이를 위해서는 민주적 학교문화 형성하기, 학생들이 학교공동체의 문제에 대해 토론하고 숙의할 수 있는 학생자치 실현, 나아가 교육 주체들이 학교교육과 관련된 사항을 민주적으로 결정하는 학교자치 문화 실현으로 나아가야 할 것이다.

5. 맺는말

비에스타의 논의는 민주시민교육을 위해 학교에서 무엇을 어떻게 가르칠 것인지를 알려주는 처방전과 거리가 멀다. 민주시민교육을 열린 질문으로 접근하는 논의였기에 고정된 답을 기대하는 것 자체가 불가능한 일일지 모른다. 비에스타는 아렌트가 말하는 "탁자가 그 둘레에 앉는 사람들 사이에 자리 잡고 있듯이 세계도 공동으로 취하는 사람들 사이에 존재"한다는 데 동의하면서, 공동의 세계에 서로 이질적인 사람들이 모두 둘러 모여 앉자고 제안한다. 아렌트는 공동선에 해당하는 하나의 보편적인 답을 찾을 수 있다고 보지 않는다. 오히려 민주적 공공성은 열려 있으며, 함께 공동의 문제를 해결하기 위해서 만들어가는 것이라고 역설한다.

다양한 사람들이 살아가는 복수성의 세계에서 우리는 각자 자신의 욕망을 실현하면서 살아가기를 원한다. 그러나 공적 세계에서 나의 의도와 계획은 다른 사람의 계획을 만나게 되면서 나의 의도대로만 되지 않는다. 우리는 이 과정에서 어떤 일들이 벌어지는지를 경험하게 된다. 즉 자신의 욕망을 실현해가는 과정에서 제한과 한계를 알게 되고, 그 과정에서 성숙한 방식으로 자기 고유함을 드러내는 주체화의 과정과 세계성의 창조 과정을 견디면서 익혀 가는 학교교육의 과정 자체가 바로 민주시민교육의 실천이 되게 하자는 것이다.

참고문헌

김누리, 2022, 민주주의 성패는 교실에서 갈린다, 한겨레신문(2022. 01. 04.).

김홍중, 2015, 서바이벌, 생존주의 그리고 청년 세대, **한국사회학**, 49, 181-198.

박은주, 2020, 정신적 삶과 교육(Ⅱ): 판단, 우정길·박은주·조나영, **한나 아렌트와 교육의 지평**, 서울: 박영스토리.

우정길, 2014, 탄생적 상호주관성과 교육-Biesta의 Arendt 수용을 중심으로, **교육철학연구**, 36(1), 53-72.

우정길·박은주·조나영, 2020, 한나 아렌트와 교육의 지평, 서울: 박영스토리.

이병곤, 2021, 세계 안에서의 '견딤'이 민주시민을 만든다, 한겨레신문(2021. 10. 21.).

임미원, 2018, 한나 아렌트의 '시작으로서의 자유' 및 '다수성' 개념, **법철학연구**, 21(2), 219-248.

정미라, 2015, '공적 영역'의 상실과 현대사회의 위기- 한나 아렌트의 정치철학을 중심으로, **철학논총**, 81, 241-258.

정윤경, 2022, Biesta의 민주시민교육 접근 탐색, **교육문화연구**, 28(4), 55-82.

조나영, 2020, '교육의 위기'와 탄생성, 우정길·박은주·조나영, **한나 아렌트와 교육의 지평**, 서울: 박영스토리.

조상식, 2019, '보이텔스바흐 협약'과 그 쟁점에 대한 교육이론적 검토, **한국교육철학회 춘계학술대회 자료집**, 215-236.

조현희 외, 2021, **대한민국 미래교육보고서: 오늘 만나는 미래학교**, 서울: 박영스토리.

Arendt, H, 1958, 이정우·태정호 역, 2005, **인간의 조건**, 서울: 한길사.

Arendt, H., 1968, *Between past and future : eight exercises in political thought*, 서유경

(역), 2005, **과거와 미래 사이**, 서울: 푸른숲.

Bauman, Z., 2000, *Liquid modernity*, 이일수 역, 2005, **액체 근대**, 서울: 강.

Biesta, G., 2006, *Beyond Learning: democratic education for a human future*, 박은주
(역), 2022, **학습을 넘어: 인간의 미래를 위한 민주교육**, 서울: 교육과학사.

Biesta, G., 2010, How to exist politically and learn from it: Hannah Arendt and
the problem of democratic education, *Teachers college record*, 112(2), 556–
575.

Biesta, G., 2012, Becoming public: public pedagogy, citizenship and the public
sphere, *Social & cultural geography*, 13(7), 683–697.

Biesta, G., 2019, 민주주의, 시민, 그리고 교육: 의제에서 원칙으로, **학교민주시민교
육 국제포럼 자료집**, 6–31.

Biesta, G., 2022, *World-centered education: a view for the present*, NY: Routledge.

3장

디지털 전환 시대의 시민교육
– 개념 중심 교육과정과 통합 교육과정의 재음미

이림

전주교육대학교 초등교육과 교수

1. 들어가며

교육의 어원에 의하면, 교육은 인간의 잠재력을 밖으로 발현시키는 활동이다. 발현된 잠재력을 가지고 인간은 다양한 환경에 적응하고, 다양한 환경과 상호작용하며 살아갈 수 있게 된다. 우리가 흔히 머릿속으로 '교육=학교'를 떠올리지만, 사실 교육은 현재 우리가 경험하고 있는 학교라는 기관이 생기기 이전부터 인간 사회에서 사적으로 자유스럽고 자연스럽게 존재하던 활동이다. 인간의 잠재력이 자연스럽게 저절로 발현되기도 하지만, 많은 경우 외부의 노력이 요구되기 때문에 교육이라는 인간 활동이 생겨난 것이다. 이렇게 교육이라는 활동을 통해 잠재력이 발현된 인간은 공동체에 영향을 미치고, 이 공동체는 또 개인에 영향을 미치며 인류 역사가 이어져 왔다. 이런 과정에 시민혁명, 산업혁명 등을 계기로 하여 근대라는 시기로 진입함에 따라 개인에게 '시민'이라는 지위가 부여되고, 이 시민을 양성하기 위한 공교육 제도가 형성되어 학교라는 교육기관이 자리 잡게 되었다. 즉 태생적으로 공교육과 시민교육은 떼려야 뗄 수 없는 관계인 것이다. 근대를 기점으로 하여 본격적으로 시작된 시민교육은 현대에까지 이르게 되었는데, 문제는 근대에 형성된 시민교육의 모습이 크게 변하지 않았다는 데에 있다. 시민교육의 모습은 시대의 흐름에 맞추어 변화해야 하는데, 지체 상태에 머물러 있는 것으로 보인다. 따라서 제4차 산업혁명이라는 용어가 대부분의 정책과 제도의 화두가 되는 시대에서 시민교육이 어떤 방향으로 나아가야 하는지 논의해 보고자 한다.

가. 공교육의 형성

공교육이 형성된 시기는 국가별로 조금씩 다를 수 있지만, 일반적으로 근대로 진입하기 시작한 19세기 말에서 20세기 초 무렵으로 잡는다(조상연, 2020). 공교육의 의미는 사람마다 다양하게 이해되지만, 많은 경우 국가의 모든 구성원에 대한 보편교육을 전제하며, 국가가 공인된 절차와 기준에 의해 운영을 주도하고 지원하는 근대 이후에 성립된 교육제도를 의미한다(이종태, 1995). 이와 같이 사적인 '가정교육'에서 공적인 '학교교육'으로 교육의 형태가 변한 것은 세계 교육사에 있어 중대한 사건이다(심성보, 1994). 즉 '근대'라는 시기는 인류 전체 역사상으로도 큰 변화를 맞이한 시기이지만, 교육사 측면에서도 패러다임의 변화가 도래한 시기이다. 시민혁명과 산업혁명으로 기존의 왕 또는 귀족 중심의 계급사회가 무너지고, 모든 사람이 천부인권이라 불리는 자유와 평등 등의 기본권을 가지게 되는 새로운 시대가 시작되었다. 이 기본권과 결부되어 모든 사람이 교육받아야 한다는 보편교육의 개념이 정착되기 시작하였고, 이는 적극적으로 국가가 교육받을 권리를 보장해야 한다는 방향으로 이어졌다. 이것이 공교육 확립의 의미였다. 역사적으로 상위계층만 누릴 수 있었던 교양교육을 모든 사람이 향유할 수 있게 된 것이다. 학교에서 주로 다루고 있는 교과는 인류가 축적해 온 각종 문화와 학문의 결정체로, 학교는 이를 체험할 수 있는 좋은 공간으로 작용해 온 것이 사실이다(김재웅, 2016).

나. 공교육과 시민교육의 관계

모든 사람을 위한 보편교육으로서 공교육이 시작된 것에는 복합적인 의미가 함축되어 있다. 절대주의 국가체제에서 근대국가로 이행하는 과정에서, 교육의 사사성(私事性) 개념은 희미해지고 교육의 공익성에 따른 공공성 개념이 부각되기 시작한 것이다(심성보, 2017). 즉 교육의 공공성 개념은 더불어 사는 공적인 삶의 측면을 고려해야 하는 것이다. 이와 관련하여 심성보(2017)는 공(公, public)은 더불어 사는 삶 속에서 자연적으로 출현한 것으로, 시민들이 모여 공동체의 주요 사안을 결정하는 민주주의를 통한 공적인 삶과 관련됨을 강조한다. 다시 말해 공교육은 개인적 측면의 기본권 보장과 자아실현의 목적도 지향하지만, 한편으로는 사회적 측면으로서 국가의 통합, 발전이라는 목적도 지향한다. 국가적 차원에서 적극적으로 참여하는 '시민 양성'이 공교육의 주요 목적이 되고, 양성된 시민을 통해 국가의 발전을 도모할 수 있다. 이런 점에서 공교육과 시민교육 그리고 민주주의는 깊은 관련성이 있게 된다.

결국 시민사회나 국가의 안정성 또는 번영을 방해한다면, 개인의 자유가 일부 침해되더라도 사회적, 국가적 개입을 인정한다는 의미이다(이종태, 1995). 많은 국가가 공교육 기간의 일부를 의무교육 기간으로 지정하고 있는데, 이는 개인적 자유와 평등, 기본권 보장, 국가적 필요를 적절하게 조정한 결과로 볼 수 있다. 절대왕정이 무너지고 민족국가로 변모하면서, 종교를 대신하여 국가적 통합을 도모하고 국가 형성의 구심점이 필요했는데, 이런 정치적 기능이 공교육에 의해 작동되었다. 더욱이 산업혁명으로 산업화가 이루어지면서 경제적으로도 인력 양성의 필요성이 나타났는데, 이에 대응한 것도 공교육이었다. 학교 중심의 공교육은 사회평등의 실현, 국가적 통합, 산업인력 양성 등의 목표를 달성하기 위해 약 200년 전에 유럽에서 탄생하여 현재에 이르고 있다(김재웅, 2016).

조영달 외(2017)는 시민교육을 통해 길러내는 시민성을 자유주의, 공동체주의, 비판이론, 포스트모더니즘 측면으로 구분하였는데, 이를 학교교육에 적용해 보면 결국 우리는 다음과 같은 시민을 길러내기 위해 학교에서 교육하는 것으로 볼 수 있다. 즉 공교육에서 추구하는 시민교육은 결국 시민을 길러내는 것인데, 이 시민은 자유주의적 측면에서 권리를 가진 소극적 시민, 공동체주의적 측면에서 의무와 책임을 다하는 적극적 시민, 비판이론/포스트모더니즘 측면에서의 비판적, 소통적, 개방적 시민 모두를 포괄한다. 따라서 공교육은 참여/숙의 민주주의의 이념이 구현되는 발판을 마련해야 하고, 다양성이 존재하는 상황 속에서 우리의 삶에 영향을 미치는 일을 우리 스스로 논의하고 결정하는 데에 기여해야 하며, 비판, 소통과 토론, 참여의 방법과 조건을 개선해야 한다.

다. 공교육, 시민교육, 교육과정의 관계

공교육과 교육과정은 밀접한 관계가 있다. 교육과정에 대한 여러 가지

정의가 있지만, 여기에서는 '교육을 위한 기본계획'이라는 정의를 택하고 자 한다. 본격적으로 공적인 영역에서 대다수의 사람을 대상으로 교육해 야 하는 상황에서 청사진 없이 교육한다는 것은 있을 수 없는 일이다. 즉 근대의 공교육 등장과 함께 '교육과정'이 본격적으로 등장하였다고 볼 수 있다. 교육과정학의 본격적 시발점이라고 알려진 보빗의 『curriculum』 이라는 책이 1918년에 출간되었음을 상기한다면 그 이유를 짐작할 수 있 다. 그는 새로운 시대에 학생을 어떤 성인으로 길러내야 하는지에 대해 고민하며, 학교에서 가르치고 배워야 할 영역으로서 직업교육, 시민교 육, 신체교육, 여가교육, 언어교육 등을 강조하였다. 그리고 이러한 영역 은 그의 후속연구에서 언어활동, 건강활동, 시민활동, 일반적 사회활동, 여가활동, 종교활동, 부모활동, 비직업적 활동, 직업활동 등으로 구체화 되었다(Bobbitt, 1924). 그가 생각한 교육의 목적은 건강한 시민의 양성이 었고, 이 목적을 달성하기 위해 교육을 위한 기본계획으로서의 '교육과 정'이 체계적이고 과학적으로 만들어져야 함을 강조했다.

시민교육은 과거나 지금이나 교육 자체를 의미한다고 할 정도로 당연 한 교육의 기본 전제이자 기본 방향으로 여겨지고 있다(이종렬, 1999). 국 립국어원의 표준국어대사전에 의하면, 시민이란 "국가 사회의 일원으로 서 그 나라 헌법에 의한 모든 권리와 의무를 가지는 자유민"이다. 다시 말 해 시민은 "민주주의적 자치를 통치의 기본질서로 하는 특정한 정치공동 체에서 그 공동체가 보장하는 모든 권리를 완전하고도 평등하게 향유하 는 개별 구성원"을 가리킨다. 이러한 내용은 우리나라의 교육기본법 제2 조, 국가 교육과정 총론 문서의 추구하는 인간상으로도 강조되고 있다.

이렇듯 민주주의 사회에서 시민의 본질은 '참여'에 있다. 참여를 위해 서 시민에게 가장 필요한 것은 앎을 바탕으로 하는 세상에 대한 이해이다. 이해를 바탕으로 비판과 소통, 나아가 창출이 나타날 수 있다. 민주주의라는 정체가 인류 역사에서 거의 승리한 것으로 판명이 된 지금, 민주주의의 주요 속성인 참여와 소통을 능동적으로 하는 시민을 길러내기 위해서는, 시민의 세상을 보는 안목을 키워주는 교육이 중요하고, 그러한 교육과정을 만들어내는 일도 중요하다. 교육 기회의 양적 확대로 모든 시민을 위한 교육으로 발전된 공교육은 보편화, 대중화됨으로써 인류의 진보를 이룩한 것이 확실하다. 그러나 근대를 벗어난 현대라는 시기에, 제1차, 제2차, 제3차 산업혁명을 거치고, 제4차 산업혁명을 맞이하는 시기에 공교육, 나아가 시민교육은 새로운 위기에 직면해 있다. 근대에 만들어진 공교육 제도가 인류의 삶에 많은 영향을 미치는 상황 속에서, 공교육과 시민교육의 질적 진보를 꾀해야 하는 것은 피할 수 없는 필연이다.

2. 디지털 전환 시대와 시민교육의 방향

가. 제4차 산업혁명과 디지털 전환 시대의 특징

시민교육은 사회의 영향을 받는 시민의 권리 및 의무를 전제로 하기 때문에, 제4차 산업혁명이 초래할 변화를 바탕으로 이에 대응해야 한다(박영석, 2017). 세계경제포럼(WEF)은 연례회의인 다보스 포럼을 통해 최초로 제4차 산업혁명이라는 의제를 2016년에 공론화하였고, WEF의 창립자이자 회장인 슈바베는 『제4차 산업혁명』이라는 책을 통해 제4차 산업혁명은 디지털 혁명을 기반으로 다양한 과학기술을 융합해 개인 및 사회의 유례없는 패러다임 전환을 유도한다고 하였다. 제4차 산업혁명에서의 디지털은 단순한 기술 도입을 넘어선 방식, 전략, 사고 등의 완전한 탈바꿈을 의미하는 것으로, 새로운 혁명에 있어 핵심기술인 디지털은 매우 중요하다(Meffert, Swaminathan, 2017). 제4차 산업혁명의 공론화와 함께 디지털이 강조되면서 '디지털 전환'이라는 용어가 여러 분야에서 다양한 방식으로 활용되고 있다. 이상원(2017)은 제4차 산업혁명이라는 용어가 중립성과 편향성, 불명확성, 비구체성 등으로 인하여 비판적 담론이 형성되어 있는 반면, 디지털 전환은 상대적으로 용어의 중립성과 불명확성의 문제가 적다고 주장한다. 이렇듯 뉘앙스의 차이는 있지만 제4차 산업혁명과 디지털 전환은 거의 유사한 용어로 봐도 무방할 것이다.

최수진 외(2021)의 연구에서는 이러한 새로운 시대의 특징으로서, ① 인공지능과 같은 새로운 기술의 범용화, ② 지식의 양 폭증과 지식의 반감기 단축, ③ 모든 것이 연결되고 기록되는 초연결 데이터의 시대, ④ 범지구적 문제와 다양한 윤리적 이슈의 확대(차별과 양극화의 심화 포함) 등을 제시하고 있다. 각각에 대해 자세히 살펴보면 다음과 같다.

첫째, 인공지능과 같은 디지털 기술이 범용화된다. 일반적으로 새로운 시대의 디지털 기술은 사물인터넷, 클라우드, 빅데이터, 인공지능, 로봇과 드론, 3D프린팅, 소셜 미디어 플랫폼 등으로 일컬어진다. 특히 우리나라의 경우 알파고와 이세돌 기사 간의 바둑 대결을 계기로, 인공지능에 대한 관심이 높다. 인공지능(AI, Artificial Intelligence)은 1950년 영국의 튜링이 발표한 논문인 「Computing Machinery and Intelligence」에서 '생각할 수 있는 기계'라는 개념으로 소개된 이후, 1956년 수학, 심리학, 컴퓨터공학 분야의 전문가들이 모인 다트머스 회의에서 매카티 등이 논의하기 시작하였다(박기범, 2017; 이동국 외, 2022). 이렇듯 디지털 기술의 발전과 관련하여 '인간의 생물학적 능력'과 '기술' 간의 차이가 없어지

그림 3-1 인공지능 기술의 진화 방향
출처: 한국전자통신연구원(2016; 박기범, 2017, 28 재인용)

는 기술적 특이점(singularity)이 2045년에 도래할 것이라 예측되기도 하였다(Kurzweil, 2005). 즉 인공지능과 같은 디지털 기술은 그림 3-1과 같이 인간을 능가하는 수준으로까지 발전할 수도 있다는 것이다.

둘째, 디지털 기술은 지식 생산성을 폭발적으로 높인다. 지식 생산성이 증가함에 따라 지식 반감기(half-life of knowledge)는 단축된다. 지식 반감기는 특정한 분야 지식의 절반에 대한 유효성이 사라지는 기간을 의미하는 것으로, 20세기 초 공학 분야의 지식 반감기는 40년 정도였으나 20세기 말에는 10년 정도로 단축되었다(Arbesman, 2012). 후버 등(2013)은 그림 3-2에서와 같이 초·중·고에서 학습한 지식 반감기는 10년, 대학교에서 학습한 지식 반감기는 6년, 하이테크 분야의 지식 반감기는 1~2년에 불과한 것으로 평가하였다.

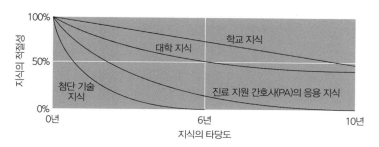

그림 3-2 지식 반감기의 변화
출처: Huber, et al.(2013; 최수진 외, 2021, 48 재인용)

셋째, 새로운 시대에는 그 연결이 사람 간의 연결뿐만 아니라 사람과 사물, 사물과 사물 간의 연결로 더욱 확대된다. 이를 초연결 시대라고 부를 수 있다. 이와 관련하여 김문조(2021)는 디지털 기술을 중심으로 하는 새로운 사회는 접속화, 재중계화, 가상화라는 특성을 지닌다고 정리한다. ① 접속화(connectedness)는 인간과 사물 모두가 연결되어 있는 특성으로, 요소 간의 접속이 중요한 사회라는 의미이다. 고도의 연결성을 바탕으로 인간의 소통과 존재성이 발현되는 것이다. ② 재중계화(re-inter-mediation)는 다양한 중계자를 통해 정보와 지식이 분류, 가공, 공유되는 삶이 일상화된다는 것이다. 공급자와 수요자의 단순한 관계로 정보와 지식이 유통되는 것이 아니라 다양한 중계자의 참여로 정보와 지식의 생산, 재생산, 유통의 주체가 다채로워진다는 것이다. ③ 가상화(virtualization)는 디지털 기술을 기반으로 새로운 가상공간이 창출된다는 것이다. 가상공간에서는 현실세계에서 불가능한 것이 실현된다. 이러한 세 가지 특성을 정리하면, 새로운 시대에는 지식의 공급자 및 수요자가 정해지지 않은 채, 지식이 계속적으로 확장, 재생산, 창출된다. 양미경(2020)은 디지털 기술의 발달로 모든 참여자가 가치를 창출하는 플랫폼(platform) 생태계가 발전하면서, 새로운 시대는 연결과 네트워크, 개방과 협력을 통한 상생, 창출과 유희를 그 특징으로 함을 강조한다.

넷째, 범지구적 문제의 확산이다. 세계 간 상호의존성과 상호연계성의 수준과 깊이가 심화하면서, 일찌감치 세계체제를 이해하고 문제를 해결하는 데에 참여하는 시민을 길러내는 세계시민교육이란 용어가 쓰이고 있다(김진희, 2015). 사실 디지털 기술의 확대와 함께 가장 먼저 제기되고 있는 문제점은 필수적인 일자리가 디지털 기술로 대체되면서 일자리 감소 혹은 저임금의 불량 일자리의 증가 및 일부 사람들만이 고소득 일자리를 점유하게 됨에 따른 양극화의 극대화 문제이다(박기범, 2017; 박영석, 2017; 조영달 외, 2017). 이는 인력 이동에 있어 국경이 없는 현대사회에서는 전지구적인 문제가 된다. 나아가 사회 불안으로 이어져 전 세계의 민주주의 자체를 위협할 수도 있다. 또한 디지털 기술이 발전됨에 따라 서로 연결되면서 서로를 잘 알 수 있게 되기도 하였지만 오히려 혐오가 커지기도 하였다. 세계화와 다문화사회로의 변화가 디지털 기술에 의해 더욱 가속화하고 있지만, 집단의 문화적 다양성이 증진되는 가운데 다양한 이해가 상충하는 갈등이 심화되는 것이다(조영달 외, 2017). 더불어 전 세계적 환경문제는 모두가 함께 해결하지 않으면 안 되는 상황이 되었다. 예를 들어 '재활용'이라는 명목으로 선진국에서 버려지는 쓰레기는 아프리카 등 제3세계 지역으로 수출되어, 그들의 삶을 망가뜨리고 환경을 위협하는 골칫거리가 되어가고 있다.

나. 제4차 산업혁명과 디지털 전환 시대, 시민교육의 방향

앞서 살펴본 제4차 산업혁명과 디지털 전환 시대의 특징을 정리하면, 디지털 기술의 고도화에 따른 지식의 무한한 확장과 전 세계적 연결성이다. 즉 새로운 시대는 모두의 참여, 모두와의 소통, 모두에 의한 창출이 요구되는 시대이다. 일찌감치 새로운 시대를 맞이하여 전세계적으로 4C: 소통(Communication), 협업(Collaboration), 비판적 사고(Critical Thinking), 창의성(Creativity) 또는 6C: 개념적 지식(Conceptual Knowledge), 창의성(Creativity), 비판적 사고(Critical Thinking), 컴퓨팅 사고(Computational Thinking), 융합 역량(Convergence), 인성(Character) 등이 강조되고 있다(이주호 외, 2021). 이러한 시대적 변화에 따라 1997년

OECD가 'DeSeCo' 프로젝트를 시작한 이래, 전 세계적으로 역량 중심 교육으로의 혁신이 이루어졌다. 그리고 우리나라도 이러한 세계적 흐름을 반영하여 2015 개정 교육과정에서 처음으로 학생이 교육받은 이후 획득해야 할 역량을 제시하였으며, 2022 개정 교육과정에서도 이 흐름은 이어졌다. OECD는 2015년부터 역량과 관련한 'Education 2030'이라는 또 다른 프로젝트를 시작하였고, 이 프로젝트는 앞으로 다가올 미래사회에 요구되는 역량을 선정하여 그 역량을 함양할 수 있는 교육의 방향 및 방안을 구체화하는 데에 목적을 두고 있다. 즉 미래사회에 필요한 핵심적인 지식, 기능, 태도와 가치를 함양할 수 있는 교육의 내용과 방법을 찾는 데에 실질적인 목적이 있는 것이다(최수진 외, 2019).

이렇게 새로운 시대에는 지식 중심의 교육을 넘어서서 지식을 바탕으로 실제 무언가를 할 수 있는 학생을 길러내는 역량 중심의 교육이 전세계적인 담론이 된 상황이고, 이는 공교육의 주요 목적인 시민교육에도 그대로 적용될 수 있을 것이다. 하지만 역량 중심 교육이 학교현장에서 실천되는 과정 중에 오해가 빚어진 측면이 있다. 학생이 실제 무언가를 할 수 있도록 하는 '역량' 중심의 교육을 위해서 무조건 '활동' 중심의 교육을 해야 한다는 오해가 생긴 것이다. 학생이 교실에서 즐겁게 활동하고 나면, 역량이 자연스럽게 길러질 것이라는 단순한 가정에서였다. 예를 들어 수업시간에 개구리 해부 실험이라는 '활동'을 하고 나면, 과학적 역량이 길러질 것이라는 가정이 그것이다. 그러나 '역량'은 단순한 개념이 아니다. OECD는 역량 관련 연구를 진행하면서 역량의 개념을 "복잡한 요구를 충족시키기 위해 지식, 기능, 태도, 가치를 동원하는 능력(OECD, 2018, 5)"으로 정의하였다. 역량은 관계성, 통합성, 총체성의 특징을 지니는 것이다(이상은 외, 2018). 여러 학자들도 지식과 역량이 불가분의 관계임을 역설하였다(손민호, 2011; 홍준표, 2017; 황규호, 2017). 즉 역량은 지식을 기반으로 달성될 수 있다.

타인과 소통하며 세상에 참여하는 역량을 가진 시민은 '제대로 된' 지식 중심의 교육을 통해 양성될 수 있다. 결국 새로운 시대의 시민교육과 관련해서, 우리에게 남겨진 질문은 '학교에서 무엇을, 어떻게 가르칠 것인가?'라는 질문이다. 비슷하게도 한참 근대로 진입하는 소용돌이 시대에 살았던 스펜서는 그의 저서 『Education: intellectual, moral, and physical』의 가장 첫 페이지에서 "어떤 지식이 가장 가치 있는가?(Spencer, 1861)"라는 질문을 던졌다. 그렇다면 근대가 아닌 제4차 산업혁명의 시대에, 우리는 학교에서 제대로 된 시민교육을 위하여 어떤 가치 있는 지식을 다루어야 하는 것일까? 이와 관련해서는 다음과 같이 정리해 볼 수 있다.

첫째, 교육에 있어 지식을 어떻게 선정하고 다룰지에 대한 부분은 매우 중요한데, 미래사회에는 개념적 사고를 위한 개념 중심의 교육이 중요하다. 개념적 지식은 각 학문이나 교과의 핵심적이고 일반화된 지식을 의미한다. 기존 사회에서는 기술이나 기계 발달이 저조한 관계로, 인간이 모든 사소한 지식까지 기억하고 재생하는 역량이 중요했다. 하지만 우리가 마주하게 될 미래사회에서는 이러한 사소한 지식, 즉 정보나 데이터 수준의 지식은 기술이나 기계가 대신 기억 및 저장, 재생해준다. 요즘 유행하는 빅데이터 분석이 대표적 현상이다. 인공지능이 엄청난 양의 데이터를 저장하여, 그것을 분석하는 기능을 수행하는 것이다. 그런데 이 빅데이터 분석 결과를 바탕으로 의미를 부여하고 해석하는 역할은 인간만이 '잘' 수행할 수 있다. 다시 말해, 앞으로 사소한 정보나 데이터를 추상화한 고차원적인 개념, 원리, 이론 등을 이해하고 새롭게 창출하는 역량이 중요해지는 것이고, 이때 개념적 지식을 이해하는 역량을 갖출 필요가 있는 것이다.

둘째, 이해한 개념적 지식을 '연결'하여 생각하는 역량 함양을 위한 교육이 필요하다. 그림 3-3에서 볼 수 있는 것처럼, '데이터' 수준에서 '지혜' 수준으로 갈수록 파편화되어 있는 지식은 점점 서로 연결된다. 창의성의 근저에는 연계지능(Kaye, 2013)이 있다. 연계지능이란 서로 연계성이 없을 것 같은 지식을 연결하는 지적 능력이다. 서로 관련 없어 보이는 파편화된 데이터를 연결할 수 있는 것에서 나아가 개념 간에도 연결 지을 수 있어야 한다. 미래사회는 앞서도 살펴봤듯이 네트워크 기술로 연결되는 시대이고, 그만큼 우리 인간이 해결해야 하는 모든 문제가 연결되어 있으므로 학문 간, 분야 간 연계 및 융합이 매우 중요해진다. 따라서 각 학문이나 분야에서만 통용되는 지식보다 각 학문이나 분야를 관통하는 중심 축으로서의 지식이 중요해지고, 일반적으로 교육계에서는 이를 빅아이디어, 일반화된 지식이라고 부른다. 일찌감치 세계적으로 통용되는 교육과정을 개발하여 보급했던 IBO(International Baccalaureate Organization)의 교육과정은 이러한 융합적 지식의 중요성을 강조했다. 디지털 전환 시대에는 분과적 지식보다 융합적 지식이 더욱 중요해질 것이고, 융

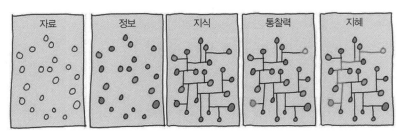

그림 3-3 고차원적 지식
출처: https://www.bigbangpoetry.com/2016/06/quotes-for-thinkers-summer-2016-edition.html

합적 지식에 대해 이해하고 융합적 지식을 생성하는 역량이 중요해질 것이다.

인공지능 등의 디지털 기술이 인간만의 고유한 영역이라고 여겨져 왔던 '창의성'을 보일 것이냐에 대해서는 회의적인 의견이 적지 않다. 인공지능이 그림을 그리거나 음악을 작곡하는 것이 가능하기는 하나 기존 작가의 것을 모방하는 데에 그칠 것으로 예측되거나 부력의 원리를 목욕탕에서 생각해낸 아르키메데스의 '유레카'와 같은 창의성을 인공지능에게 기대하기는 어렵다는 것이다(최수진 외, 2021). 하지만 로봇이 인류의 지식, 정신적 문화유산, 가치관 등을 이해할 수 있게 되고, 자기학습을 통해 인간의 능력을 추월하며, 인공지능의 언어 개발로 그들끼리의 의사소통이 가능해지면서 고차원적으로 사유하는 새로운 종의 탄생과 더불어 로봇 및 기술과 인간 간의 경쟁이 예측되기도 한다(박기범, 2017). 즉 인간 고유성까지도 미래기술이 대체할 수 있다는 위기감이 있는 것도 사실이다.

그러나 역설적으로 교육에 있어 인간 고유성 및 긍정성의 증진이 더욱 중요해질 것으로 기대할 수 있다. 제4차 산업혁명, 디지털 전환 시대는 디지털 기기와 함께하는 시대이기는 하지만, 그만큼 디지털 기기가 할 수

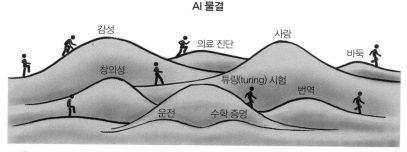

그림 3-4 AI 물결
출처: 김신애 외(2018, 186 재인용)

없는, 혹은 디지털 기기와 경쟁해야 하는, 그렇기 때문에 더 강조해야 하는 인간만의 고유한 역량이 있다. 비판력, 소통과 교류, 공감력 등이 그것이다. 따라서 미래의 학교교육에서는 이러한 것들을 강화할 수 있는 다양한 방안들이 제시되고 적용되어야 할 것이다(정혜주 외, 2022).

3. 개념 중심 교육과정과 통합 교육과정

가. 개념 중심 교육과정

기존 산업사회에서 인간에게 요구한 사고력은 단순히 기억하거나 습득하는 측면에 치중해 있었다. 제4차 산업혁명, 디지털 전환 시대에는 인간에게 기존보다 더 높은 단계의 고차원적 사고력을 요구한다. 디지털 기술이 중심에 서는 사회에서 디지털 기술과 구별되는 인간 고유의 역량에 대한 가치는 더욱 상승하게 될 것이다. 예를 들면 비판적 사고력, 문제해결력, 창의력 등이 포함될 것이며, 이와 관련하여 비판과 창출, 공유와 더불어 메타인지, 자기반성 등의 역량이 요구될 것이다. 즉 세상에 대한 제대로 된 이해, 이를 바탕으로 하는 비판과 공유, 나아가 창출이 새로운 사회에 요구되는 시민의 모습이다. 변화에 능동적으로 대응하고, 변화를 이끌어가는 적극적인 시민인데, 이는 '제대로 아는 것'에서 시작한다. 만유인력을 발견한 뉴턴, 부력을 발견한 아르키메데스 모두 세상을 제대로 보는 것에서부터 세상을 바꿔나갔다. 우리는 이를 개념적 지식과 사고라고 부를 수 있고, 이를 키워줄 수 있는 교육이 바로 개념 중심 교육이며, 이 개념 중심 교육을 위한 계획을 개념 중심 교육과정이라 할 수 있다.

시민 역할의 핵심은 참여함으로써 사회를 조금 더 나은 방향으로 바꿔나가는 데에 있고, 제대로 된 참여는 제대로 아는 것에서부터 시작한다. 제대로 알지 못하면, 선입견과 편견 등에 의해 잘못된 방향으로 시민사회에 참여함으로써 악영향을 미칠 수 있기 때문이다. 즉 시민을 길러내는 시민교육에 있어 제대로 알게 하는 교육은 중요하다. 직관과 통찰은 결국 문제를 발견하고 해결하는 일인데, 이는 특정 사안과 관련된 깊이 있는 앎을 통해 가능하다. 개념적 지식을 중심으로 하는 교육의 중요성을 알 수 있는 대목이다. 개념적 지식에 대한 논의에 있어 교육과정 측면에서는 브루너(1960)가 자주 언급된다. 냉전체제가 한창이던 시대에 그는 학문 중심 교육과정을 강조하였다. 이 이론의 핵심은 학문이나 교과를 꿰뚫는 핵심적인 지식을 학생이 제대로 배우게 함으로써, 학생을 변화하는 시대에 적극적으로 참여하는 시민으로 길러내는 데에 있었다. 적극적인 시민의 참여로 냉전 시대를 이겨내고자 했던 것이다. 잘 알려져 있다시피, 브루너(1960)는 '지식의 구조'를 강조했다. 그의 이론은 후에 위긴스와 맥타이(1998)의 이해 중심 교육과정(백워드 설계 모형), 에릭슨 외(2017)의 개념 중심 교육과정으로 이어지면서, 여러 교과와 관련되는 빅 아이디어, 일반화된 지식 중심으로 교과를 통합할 수 있는 기반을 마련하였다(이림, 2022). 이러한 교육적 노력의 공통된 목적은 여러 하위 지식이 통합된 지식의 구조, 개념적 지식, 빅 아이디어, 일반화된 지식 등을 통하여 세상을 볼 수 있는 안목을 형성하는 것이다.

미국의 경우 1990년대의 기준 중심 교육과정 운동을 기점으로 국가 수준의 개별 학문에 기반한 내용기준이 마련되었고, 이를 통합적인 수업으로 변환하는 데에 있어, 백워드 설계 모형을 활용하게 되었으며, 특히 드레이크(2012)의 경우는 이를 통합 교육과정 설계를 위한 틀로 활용하였다(온정덕, 2013). 이렇게 학문의 주요 개념, 원리, 이론과 같은 지식의 구조를 중심으로 교육적 통합을 논한 학자들은 일반적으로 배운 지식의 영속적 이해와 이로 인한 다방면의 전이성을 강조한다. 상대적으로 추상화되어 여러 장면에 동시적으로 적용될 수 있는 지식은, 학생으로 하여금 지식과 상황, 맥락 등과의 관련성을 인식하고 이에 맞게 행동하게 한다(이림, 2022). 개념이라고 하면 우리는 분절을 떠올린다. 그러나 그림 3-5에서 볼 수 있는 것처럼 개념은 그 자체로 통합적이다. 수많은 하위 지식을 엮어서 만든 지식이기 때문이다. 개념 수준에서 교육과정을 구성하고 가르쳐야 하는 이유는 개념은 깊은 지식을 형성하고, 전이 가능한 이해와 고차원적이고 통합적인 사고를 가능하도록 하기 때문이다(Erickson et al., 2017). 여기에서의 '전이'는 지식의 통합과 전혀 다른 말이 아니다. 이와 관련하여 에릭슨 외(2017)는 '통합'을 새로운 지식과 기존의 지식을 관련짓고, 구체적인 사실들을 전이 가능한 개념이나 원리와 관련짓는 정신적인 활동이라 말한다.

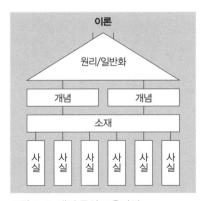

그림 3-5 개념 중심 교육과정
출처: Erickson, et al.(2017)

나. 통합 교육과정

지금까지 살펴본 것처럼 시민교육을 위한 개념 중심 교육/교육과정은 통합 교육/교육과정과 자연스럽게 연결된다. 앞서 새로운 시대의 시민교육의 방향으로서 연계지능을 언급한 바 있다. 이는 통합 교육과정과 연결된다. 일반적으로 학교교육에서 시민교육을 다루는 방식으로서, 시민교육을 위한 독립된 교과목을 생성하여 집중적으로 다루는 방식, 기존의 여러 교과목에서 다루는 방식, 학교 내의 분위기와 문화 속에서 간접적으로 다루는 방식, 학교 밖의 정부, 여러 기관이나 단체와 협력하여 프로그램을 운영하는 방식 등이 고려된다. 그러나 그림 3-6에서 볼 수 있는 바와 같이, 시민교육을 다룰 수 있는 방식이 또 있다. 바로 통합적인 교과나 교육과정을 통하는 방식과 교과 외 교육과정을 통하는 방식이 그것이다.

여기에서는 바로 시민교육을 위한 중요한 방법론으로서 통합 교육과정에 대해 논의하고자 한다. 근대 시기 인류의 학문은 분화되기 시작했다. 종교에서 과학과 예술이 분리되기 시작한 이래로, 각 분야는 분화를 거쳐 각자의 너비와 깊이를 갖춘 학문을 정립하였으나 분화가 과도하여 때로는 분열, 파편화, 소외로 바뀌기도 했다(김복영, 이루다, 2010). 교육에

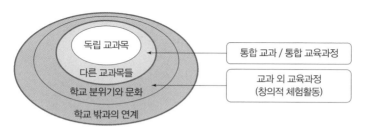

그림 3-6 시민교육을 학교교육에서 다루는 다양한 방식
출처: 송현정 외(2020, 123)의 그림 수정

서의 '통합' 논의는 학교교육이 지나치게 분과적으로 이루어짐에 따른 역기능이 드러나면서, 이를 극복하기 위한 하나의 방안으로 등장한 것이다(이림, 2022). 교과는 학문적 세계를 제도화한 실체로서, 경직성을 가지기 때문에 때로는 다양한 요구에 시의적절하게 대응하지 못하고 탄력성이 떨어진다(김용, 2020). 또한 인식의 대상인 사회현상과 인간 행위는 시·공간적 계열 속에서 유기적으로 구조화되어 있어 분과적으로 쪼개어 인식하기 어렵다(이정우, 2018). 따라서 개념적 지식, 빅 아이디어, 일반화된 지식을 다루더라도 이를 통합적으로 다룰 필요성이 더욱 커졌다. 심지어 새로운 것을 만들어내는 '창의'를 통해 사회를 조금 더 나은 상태로 만들어갈 수 있기 때문에, 시민교육에 있어 '통합'은 중요하다. 서로 다른 것을 연결함으로써 창출되는 경우가 많기 때문이다.

통합 교육과정에 있어 통합하기 위한 중심축이 매우 중요하다. 그리고 이 중심축으로 기능하는 것이 앞서 개념 중심 교육과정에서 강조했던 빅 아이디어, 일반화된 지식이다. 교육과정 측면에서 이 중심 축과 관련하여 앞서 언급했던 보빗(1916, 1924)을 다시 언급할 수 있다. 그는 산업혁명 이후 격동기를 살면서 새로운 시대의 시민을 양성하기 위해 어떤 교육이 필요한지 고민하였다. 그 결과 언어활동, 건강활동, 시민활동, 일반적 사회활동, 여가활동, 종교활동, 부모활동, 비직업적 활동, 직업활동 등이 학교교육에서 다루어지고, 이때 언어, 사회, 자연과학, 수학, 체육, 실과, 미술, 음악 등의 교과지식이 활용되어야 함을 강조하였다(Bobbitt, 1924). 100년 전의 그의 이론에 우리가 주목해야 하는 이유는 통합적 교육의 중심 축을 어떤 방식으로 제시할 수 있는지에 대한 아이디어를 주기 때문이다(이림, 2022).

이런 선행 논의를 바탕으로 하여, 통합 교육과정에 대한 이론이 갖추어

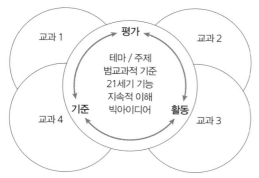

그림 3-7 통합 교육과정
출처: Drake(2012; 김영은 외, 2016, 70 재인용)

지는데, 대표적으로 드레이크(2012)를 언급할 수 있다. 통합을 위한 중심 축을 무엇으로 삼느냐에 따라, 다학문(하나의 주제를 여러 교과의 관점으로 보는 것), 간학문(여러 교과의 공통적 개념을 추출하는 것), 탈학문(실생활의 주제를 중심축으로 가져오는 것) 등의 방법을 활용할 수 있다. 그림 3-7에서 볼 수 있는 것처럼 여러 교과를 꿰뚫는 중심 축을 바탕으로 각종 활동과 평가 등의 교육이 이루어지게 된다.

한편 그림 3-8에서 볼 수 있는 것처럼 통합 교육과정은 단순히 지식을 통합하는 것에서 나아가 지식, 기능/기술, 태도/가치까지도 통합하는 것을 의미하는 것으로 역량 중심 교육과정과 맞닿아 있다. 앞서 에릭슨 외(2017)의 개념 중심 교육에서 개념적 지식과 함께 전략 및 기능이 병렬적 구조로 되어 있는 것도 같은 맥락이다. 제대로 된 '앎'을 바탕으로 '함'과, '삶'으로 나아가게 하는 교육이 시민교육의 본질이며, 이는 개념 중심 교육과 통합적 교육을 통해 달성할 수 있다.

우리나라에서는 이러한 실천들을 다양한 방식으로 해오고 있다. 이와 관련하여 두 가지 사례를 소개하고자 한다.

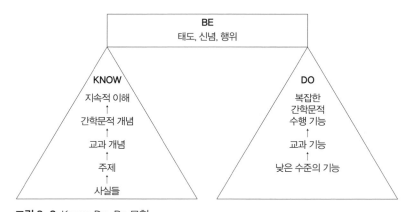

그림 3-8 Know-Do-Be 모형
출처: Drake, Burns(2004; 김영은 외, 2016, 73 재인용)

첫 번째는 범교과이다. 우리나라를 비롯한 각 나라들은 기존의 교과 중심 교육으로는 급변하는 사회의 문제에 유연하게 대처하기 어렵다는 것을 인식하면서 범교과적 접근에 관심을 갖기 시작하였고, 다양한 명칭으로 범교과 주제를 국가 교육과정에 제시하기 시작하였다(조상연, 2020). 범교과 주제란 "사회변화에 따라 제기되는 국가·사회적 요구와 미래사회에 대비하기 위하여 학습자에게 필요하고 요구되는 것으로, 단일 교과 차원을 넘어서서 여러 교과에 걸쳐 교수되어야 할 것(이미숙 외, 2009)"이라 할 수 있다. 노르웨이의 '2017 핵심 교육과정'에서는 간학문적 주제에 대해, 한 국가 및 세계를 살아가는 개인과 지역사회의 참여 및 노력을 요하는 사회적 과제라고 명시하고, 동료와 협력하여 다양한 교과를 연계하여 다룰 것을 강조하고 있다(조상연, 2020). 우리나라의 경우 제1차 교육과정부터 범교과 성격으로 볼 수 있는 주제들이 제시되어 왔고, 2022 개정 교육과정에서는 안전·건강교육, 인성교육, 진로교육, 민주시민교육, 인권교육, 다문화교육, 통일교육, 독도교육, 경제·금융교육, 환경·지속가능발전교육 등 총 10개의 범교과 주제를 제시하고 있다. 이러한 주제는 국가·사회적으로 중요함과 동시에 학생의 삶과도 긴밀하게 연계되어 있어, 실제적 참여와 맥락을 고려한 교육이 가능하다는 점에서 의미가 있다.

그러나 우리나라의 경우 범교과 주제를 선정한 기준이나 목적이 명확하지 않고, 그것이 여러 교과를 통합하면서 개념적 지식을 다룰 수 있는 중심축으로 작용할 수 있는 것인지 애매한 측면이 있다. 심지어 시민을 양성하기 위한 교육적 목적보다는 분야별 이익 챙기기 통로가 되고 있다. 범교과 주제와 관련한 각종 법률 제정이 학교교육을 통제하고 있는 것이다. 범교과 주제의 경우 각종 법률에 따라 국가나 지방자치단체의 계획 수립 → 관련 기관 또는 위원회 설립/설치 및 재정 지원 → 학교에의 교육 의무 부과(계획 수립 → 실행 → 결과 보고) 등의 순서로 진행되어(김용, 2020) 수직적인 형태로 운영되고 있다. 따라서 시민교육 측면을 고려하여 범교과 교육 관행이 개선될 필요가 있다.

둘째, 2015 개정 교육과정에서 등장한 고등학교의 통합사회이다. 교육에서 통합은 상대적 개념이다. 예를 들어 '사회'라는 과목은 초등학교의 통합교과(바른 생활, 슬기로운 생활, 즐거운 생활) 입장에서 보면 분과적이지만 고등학교의 '경제'라는 과목의 입장에서 보면 통합적이다(이림, 2022). 우리나라의 경우, 광복 이후부터 미국에서 만들어진 통합적 성격의 사회과가 주로 시민교육과 관련한 기능을 수행해 왔는데(노경주 외, 2018; 송현정, 2020; 이정우, 2018), 사회과는 도입 초기부터 통합적인 성격의 교과로 규정되었기에(이정우, 2018) 사회과 그 자체도 통합 교육과정이라 할 수 있다. 특히 2015 개정 사회과의 고등학교 통합사회는 지리, 일반사회, 윤리, 세계사 등을 통합하여 시민교육의 중핵 과목으로서 기능하고 있고, 주제, 문제, 쟁점 중심의 교육을 강화하는 계기가 되었다(강대현 외, 2022; 노경주 외, 2018). 제6차의 공통사회, 제7차의 사회 및 인간사회와 환경, 2009 개정의 사회 모두 그러한 노력의 일환이었지만, 2015 개정의 통합사회가 가장 진일보한 형태이다(강대현 외, 2022; 노경주 외, 2018; 이정우, 2018). 이러한 노력은 2022 개정 교육과정의 통합사회에까지 이어지고 있다. 사실 사회과 내에서는 일찌감치 실제적 삶과 관련된 문제에 대해 종합적인 의사결정과 반성적 사고를 할 수 있는 시민을 길러내기 위해 분과 형태로 운영되는 사회과에 비판적 의식을 가지고 있었고(노경주 외, 2018), 이를 개선하기 위한 노력이 최근 2022 개정 교육과정의 통합사회로 결실을 맺었다. 이러한 노력이 여러 교과에 확산하기를 기대해본다.

4. 나가며

시민교육이 시민 그 자체를 다루는 교육이라고 할 수 없다. 학생이 시민이 되도록 하는 교육이라고 할 수 있다. 시민교육의 목적은 적극적으로 참여하는 시민 양성이다. 적극적으로 참여하는 시민은 이 과정에서 자아를 실현하게 되며, 적극적으로 참여한 시민이 모인 사회는 개선될 것이다. 지식의 반감기가 줄어든다고 해서 지식교육이 필요하지 않은 게 아니라, 역설적으로 본질적인 지식교육에 더욱 몰두해야 한다. 제4차 산업혁명 시대에 인간 세상의 문제는 과거보다 더욱 복잡하게 얽혀 있고, 이에 대한 탐구는 총체적인 접근을 요구하며 여러 교과를 넘나드는 지식의 적용과 안목이 필요하다. 학문적 지식과 쟁점 중심 교육은 불가분 관계에 있고, 쟁점을 다루기 위해서는 지식의 도움이 필수적이며 지식은 우리의 삶의 현상이나 문제에 대한 탐구로부터 생성된다(노경주 외, 2018). 통합적인 개념 자체가 사회현상에 대한 설명과 더불어 문제해결에 활용된다. 습득된 고차원적 선행 지식 → 직관 또는 통찰(쟁점이나 문제의 발견) → 탐구 및 비판(분석) → 새로운 고차원적 지식 습득의 과정이 반복되며 세상을 볼 수 있는 안목이 형성된다. 참여는 적어도 올바른 이해를 바탕으로 가능하고 심지어 디지털 기술의 발달로 참여가 능동적이고 다채로워진 상황에서 제대로 된 참여가 중요해지고 있다. 이와 관련하여 조영달 외 (2017)는 "집단이성의 감성적 동화"라는 표현을 통해, 디지털 기술이라는 참여와 소통의 도구가 윤리성과 무관한 존재임을 인식해야 한다고 말한다.

　미래사회에는 여러 영역의 지식과 기능, 태도 등의 통합 및 연계를 통해 해결할 수 있는 문제들이 더욱 많아질 것이다. 융합적 지식에 대한 요구는 복잡다단해지는 미래사회에서는 더욱 가속화될 것이기 때문에, 개념적 지식에 대한 이해를 바탕으로 다양한 지식을 융합할 수 있는 역량이 중요해진다. 결국 공교육에서 시민교육을 잘 달성하는지의 여부는 교과별로 개념 중심 교육과정을 얼마나 잘 설계하고, 교과 간 통합 교육과정을 얼마나 잘 설계하는지와 관련되어 있다. 통합에 있어서는 범교과 주제와 같은 중심축을 얼마나 잘 설정하는지가 중요하다. 각 교과 간의 연결고리를 위해 우리나라의 경우 범교과 주제를 제시하고 있지만, 이에 대한 실질적 안내와 지원이 부족한 게 사실이다. 학교에 전문성을 기를 기회를 주고 자율권을 줌과 동시에 학교를 적극적으로 지원해야 한다. 통합 교육과정을 통한 민주주의 교육 가능성을 타진한 빈(2016)은 도구적으로 활

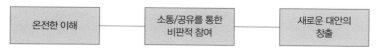

그림 3-9 공교육에서 시민교육의 지향점

용되어 다양한 문제해결을 가능하게 하는 학문적 지식을 강조하면서도, '만들어진 통합 교육과정'에서 나아가 교사와 학생이 함께 '만들어가는 통합 교육과정'을 강조하기도 한다. 근대 이후로 민주사회의 핵심 구성원이 된 시민은 토론과 비판을 통해 사회적 문제를 해결하는 시스템에서 중요한 역할을 해왔다. 사회를 비판적으로 바라볼 수 있는 능력을 바탕으로 이러한 참여는 계속되어야 하며, 시민교육에서도 학생의 안목 형성과 이를 바탕으로 하는 비판 및 참여가 강조되어야 할 것이다.

참고문헌

강대현·은지용, 2022, 초·중등 사회과 민주시민교육의 현황과 과제, **시민교육연구**, 54(3), 221–245.

김문조, 2021, 디지털 전환 시대, 공동의 미래를 위한 디지털 교육, SDG4–**교육 2030 ICT 분과 워킹그룹 세미나 자료집.**

김복영·이루다, 2010, Ken Wilber 4상한이론(AQAL)을 활용한 통합 교육과정 모색, **교육과정연구**, 28(1), 159–178.

김신애·방준성·권희경, 2018, 교육 분야 국가 디지털 전환 기획의 방향성 탐색, **한국교육**, 45(4), 173–200.

김영은·김승현·김유향, 2016, 2015 개정 교육과정에 내재된 통합의 의미 탐색을 위한 이론적 고찰, **도덕윤리과교육**, 50, 55–83.

김용, 2020, 한국과 일본의 범교과 학습 관련 진흥 법령 및 지원체제 비교, **교육법학연구**, 32(1), 55–81.

김재웅, 2016, 공교육 제도의 목표에 비추어 본 홈 스쿨링의 효과에 관한 탐색적 연구, **평생학습사회**, 12(4), 1–23.

김진희, 2015, Post 2015 맥락의 세계시민교육 담론 동향과 쟁점 분석, **시민교육연구**, 47(1), 59–88.

노경주·강대현, 2018, 시민교육 관점에서 본 쟁점 중심 교육의 의의와 전략, **시민교육연구**, 50(4), 49–76.

박기범, 2017, AI 쇼크와 시민교육의 과제, **시민교육연구**, 49(4), 25–41.

박영석, 2017, 4차 산업혁명 시대의 사회적 합의와 시민교육의 과제, **시민교육연구**, 49(4), 43–62.

손민호, 2011, 역량 중심 교육과정의 가능성과 한계: 역량 개념을 중심으로, **한국교육논단**, 10(1), 101-121.

송현정, 2020, 영국 학교 시민교육의 제도화와 현황에 대한 분석, **시민교육연구**, 52(3), 119-154.

심성보, 1994, 현대사회의 변화와 '공교육' 사상의 재정립, **교육문제연구**, 6, 249-266.

심성보, 2017, 'public'의 개념적 의미 확장을 통한 공교육 사사의 재구성, **교육혁신연구**, 27(1), 45-62.

양미경, 2020, 플랫폼 생태계의 특성과 교육학적 시사점 탐색, **교육원리연구**, 73-91.

이동국·이은상·이봉규, 2021, **인공지능(AI) 활용 교육을 위한 교사 역량 도출 연구**, 충북 2021-65, 충청북도교육연구정보원.

이림, 2022, 교육과정에서의 통합 의미에 대한 탐구, **교육문화연구**, 28(6), 335-356.

이미숙·최홍원·박상철, 2009, **범교과 학습의 체계화 방안 연구**, 한국교육과정평가원.

이상원, 2017, 디지털 트랜스포메이션 사회와 새 정부의 산업정책 방향, **언론정보연구**, 54(4), 35-66.

이상은·김은영·김소아·유예림·최수진·소경희, 2018, **OECD 교육 2030 참여 연구: 역량의 교육정책적 적용 과제 탐색**, 연구보고 RR 2018-8, 한국교육개발원.

이정우, 2018, 2015 개정 통합사회 교과서 비교 분석 연구: '통합적 사고력' 명시 활동에 구현된 통합의 양상을 중심으로, **시민교육연구**, 50(4), 175-195.

이종렬, 1999, 시민교육의 정체성 위기와 딜레마, **시민교육연구**, 30, 259-279.

이종태, 1995, 공교육 제도 성립에 대한 자유주의적 논거 탐색: Locke의 교육론을 바탕으로, **교육철학**, 13, 139-161.

이주호·정제영·정영식, 2021, **AI 교육혁명: 무엇을 배우고 어떻게 가르쳐야 하나?**, 서울: 시원북스.

조상연, 2020, 우리나라 범교과 학습의 개선방향 논의, **인격교육**, 14(1), 91-117.

조영달·김재근, 2017, 제4차 산업혁명 시대, 시민교육의 지향과 과제, **시민교육연구**, 49(4), 219-239.

정혜주·박근영·서예원·손찬희·양희준·이림·황지원, 2022, **디지털 전환에 따른 학교교육 유연화 방안**, 연구보고 RR 2022-1, 한국교육개발원.

최수진·김은영·김혜진·박균열·박상완·이상은, 2019, **OECD 교육 2030 참여 연구: 미래 지향적 역량교육의 실행 전략 탐색**, 연구보고 RR 2019-6, 한국교육개발원.

최수진·이림·박승재·김나영·안동근·한은정, 2021, **인공지능 시대의 영재교육: 변화 전략 탐색**, 연구보고 RR 2021-23, 한국교육개발원.

홍원표, 2017, 역량 기반 교육과정의 가능성에 대한 비판적 재검토: 이론적·실제적 쟁점을 중심으로, **교육과정연구**, 35(1), 239-254.

황규호, 2017, 일반역량 교육 논의의 쟁점 분석, **교육과정연구**, 35(3), 247-271.

Arbesman, S., 2012, *The half-life of facts: Why everything we know has an expiration date*, 이창희 역, 2014, **지식의 반감기**, 책 읽은 수요일.

Beane, J. A., 2016, *Curriculum integration: Designing the core of democratic education*, NY: Teachers College Press.

Bobbitt, F., 1918, *The curriculum*, 정광순·이한나·이윤미·김경하·박희원·이희정 역, 2021, **학교에서 무엇을 가르쳐야 하는가**, 서울: 학지사.

Bobbitt, F., 1924, *How to make a curriculum*, BOS: Houghton Mifflin Company.

Bruner, J. S., 1960, *The process of education*, 이홍우 역, 2017, **교육의 과정**, 서울: 배영사.

Drake, S. M., 2012, *Creating standards-based integrated curriculum*, CA: Corwin Press.

Erickson, H. L., Lanning, L. A., French, R., 2017, *Concept-based curriculum and instruction for the thinking classroom*, 온정덕·윤지영 역, 2019, **생각하는 교실을 위한 개념 기반 교육과정 및 수업**, 서울: 학지사.

Kurzweil, R., 2005, *The singularity is near: When human transcend biology*, 김명남·장시형 역, 2007, **특이점이 온다**, 서울: 김영사.

Kaye, D., 2013, *Red thread thinking: Weaving together connections for brilliant ideas and profitable innovation*, 한상연 역, 2013, **붉은 실 생각법: 아이디어 고민하지 말**

고 **연결하라**, 다른 세상.

Meffert, J., Swaminathan, A., 2017, *Digital@scale*, 고영태 역, 2018, **격차를 넘어 초격차를 만드는 디지털 대전환의 조건**, 서울: 청림출판.

OECD, 2018, *The future of education and skills: Education 2030*, Position Paper.

Schwab, K., 2016, *The fourth industrial revolution*, 송경진 역, 2016, **제4차 산업혁명**, 서울: 메가스터디.

Spencer, H., 1861, *Education: intellectual, moral, and physical*, London: Williams and Norgate.

Wiggins, G., McTighe, J., 1998, *Understanding by design*, VA: ASCD.

4장

미디어 리터러시 함양을 위한 교육 내용과 방법 탐색

– 예비교사의 멀티리터러시 함양을 위한 수업 사례 분석을 통하여

서현석
전주교육대학교 국어교육과 교수

1. 미디어 리터러시와 시민교육

수년 전부터 리터러시(literacy)는 국어교육계를 비롯한 교육 연구 분야에서 문해력 혹은 문식성 등으로 불렀던 용어이다[1]. 원래 문자를 읽고 쓸 수 있다는 의미에서 문해력(文解力)이란 개념으로 시작되었으나, 새로운 문식 환경에 대응하여 이제 우리 삶에 요청되는 문식성(literacy, 文識性)은 단순한 문자 텍스트의 이해와 생산 능력을 넘어 디지털 미디어의 활용과 생산, 소통 능력까지를 포함하는 광의의 개념으로 변화되기에 이르렀다. 리터러시 교육은 단순히 문해력을 신장시키는 것이 아니라 소통의 도구나 대상의 특성을 파악하는 능력, 그 시대의 소통 구조를 이해할 수 있

---

1. 문해력과 문식성, 리터러시 등의 용어는 엄밀하게 구별되는 지점도 있지만 유사한 개념으로 사용되는 경우도 있다. 이 글에서는 디지털 미디어 리터러시에 초점을 두고, 문맥에 따라 문해는 가장 기본적인 한글 해독의 개념으로, 문식성은 기본적인 이해와 표현 능력으로 보고, 이 둘을 포괄할 수 있는 넓은 의미의 개념으로 리터러시를 사용하였다.

는 능력 및 사회적 소통이 가능하게 지식이나 정보를 재창조하는 능력 개발로 확장되고 있다(허수미, 2016). 국어, 사회, 미술 교과 등에서는 다양한 리터러시 교육을 통하여 학생들의 매체 활용 능력을 길러 주는 협의의 개념에서 더 나아가 학생들의 문제해결력과 비판적 사고력, 현대사회에 필요한 다원주의와 합리성, 창의성 및 통찰력까지 길러 준다고 논의해 왔다(한정선, 2000; 정현선 외, 2016; Mills, 2009; Selber, 2009; Cope. Kalantzis, 2015; 오지향, 2018).

리터러시 교육을 학생들의 직접 경험을 중심으로 비판적 사고과정과 탐구 중심으로 접근하여 실행을 이끌고 있는 대표적 기관은 '뉴런던 그룹 (The New London Group, NLG)'이다. 이 기관의 연구자들은 그동안 혼재되어 있는 리터러시 교육의 개념을 '멀티리터러시' 교육으로 통합시킨 바 있다. 즉, 멀티리터러시라는 용어를 처음으로 사용한 뉴런던 그룹(1996)은 "멀티리터러시란 다양한 매체 기술을 통해 중층적으로 결합되고 매개되는 다양한 언어와 문화 및 사회적 담론을 통한 복합적 의미 생성, 협상 능력을 중심으로 한 소통 능력"(정현선, 2005)이라고 정의하였다.

전통적 리터러시가 단일한 언어체계로 구성된 텍스트를 이해하는 것이었다면, 멀티리터러시는 변화하는 디지털 환경의 복합 매체 텍스트를 이해하는 것이다. 문자, 음성, 영상, 그래픽 등이 통합된 복합 매체 텍스트를 활용하기 위해 학습자는 추상적, 언어적, 시각적, 음악적, 심동적 및 사회적 능력 등의 다중지능이 필요하다(Brown, 1998). 여기에서 다양한 텍스트나 다양한 양식들을 멀티리터러시라고 하고, 이러한 복합적인 텍스트를 활용하여 의미를 구성하도록 하는 교육을 멀티리터러시 교육이라고 할 수 있다. 멀티리터러시는 전통적 리터러시(언어, 시각, 청각, 상징, 이미지 등)를 포함하며 미디어·정보 리터러시를 중심으로 다양하게 나타난 리터러시를 통합하는 다중 매체(multiple medium), 다중 미디어 (multiple media) 및 다중 모드(multi modality) 개념으로 이해된다. 오지향 (2018)은 독보 및 기보 능력을 포함하는 음악 문해력을 음악과의 전통적 리터러시인 '음악 리터러시'로 명명하고, 미디어가 중심이 되는 다중의 리터러시 개념을 '멀티리터러시'로 지칭하기도 하였다.

미디어 리터러시의 개념은 명확하게 하나로 정하기 쉽지 않은데, 그 이유 중 하나는 대상이 되는 디지털 미디어가 새로운 기술과 활용의 맥락에 따라 다변화하기 때문이다. 시대적 변화에 따라 실제 뉴미디어에 요구되는 역량들이 변화하므로 이로 인한 미디어 리터러시의 개념을 확정하기 어렵다. 미디어 리터러시는 미디어 환경의 변화에 따라 그 개념이 지속적으로 변천되고 확장되어 왔다. 대표적으로 미디어 리터러시는 그 핵심 개념인 미디어 콘텐츠의 의미 분석 및 활용을 넘어서 이제는 미디어 콘텐츠를 비판적으로 사고하며 프로슈머(prosumer)로서 콘텐츠를 창작하는 개념으로 진화했다. 또한 미디어 리터러시의 디지털화가 가속화되면서 정보를 확산하고 미디어를 활용하며, 문화적 참여와 시민성 함양을 포괄하는 역량 개념으로 확대되었다(장의선 외, 2021, 6).

미디어 리터러시는 변화하는 미디어 환경에 주목한다. 현재의 미디어 환경은 개별화, 다양화되고 있으며, 디지털을 기반으로 하는 동시에 소셜 네트워크의 강화로 개인이 만든 미디어 메시지가 자신의 소셜 네트워크를 통해 빠르게 확산, 공유될 수 있기 때문이다. 이러한 환경에서 소통과 참여할 수 있는 능력을 설명하기 위해 미디어 리터러시라는 개념이 사용되고 있다(김아미 외, 2019, 18). 미디어 리터러시는 미디어를 이용하는 것을 넘어 민주주의에 대한 이해, 문화적 참여와 시민성 함양 등 다양한 측면에서의 미디어 활용과 그를 통한 성과와 관련된 개념으로 볼 수 있다(노창희·성동규, 2015, 103). 미디어 환경에서의 디지털화가 가속화됨에 따라 단순한 접근 및 이용보다는 미디어를 어떻게 활용할 것인가 하는 미디어 이용의 질적인 측면이 중요하게 여겨지고 있다. 미디어가 제공하는 콘텐츠의 내용과 가치를 판단하는 능력을 의미하는 분석 능력의 중요성이 높아지고 있으며, 미디어의 내용을 사회·문화·경제·역사·정치적 맥락 등 다양한 배경에 입각하여 파악할 수 있는 평가 능력도 중요시되고 있다. 또한 미디어 이용자가 프로슈머로 진화함에 따라 콘텐츠를 창작하는 능력까지도 미디어 리터러시 개념에 포함되고 있다(Livingstone, 2004; 노창희·성동규, 2015, 104 재인용).

장의선 외(2021)의 보고서에서는 디지털 리터러시와 미디어 리터러시 관련 국내외 개념을 종합하여 디지털 미디어 리터러시를 "디지털 환경에서 학습자가 미디어에 효과적으로 접근하여 정보 및 문화 콘텐츠를 선택하고, 비판적으로 분석·평가하며, 창의적으로 구성·생산하고, 윤리적으로 공유·참여하며, 심미적으로 감상·향유하는 능력과 자신의 디지털 미디어 관련 행위에 대한 성찰을 아우르는 통합적 능력"으로 정의한 바 있다. 이러한 개념은 인터넷, 디지털, 정보, 미디어, 정보 윤리 등 광의의 리터러시 개념을 모두 포함한 것이다. 한편, 홉스(2018; 정현선, 2021 재인용)는 디지털 리터러시와 미디어 리터러시의 관계를 그림 4-1과 같이 비교·대조하여 설명하고 있다.

미디어 리터러시라는 용어가 출현한 시기에 중점적으로 다루어야 했던 새로운 기술 혹은 소통의 도구(media)는 텔레비전, 영화 등의 영상 매체였다. 영상 언어의 등장과 함께 텔레비전이나 영화가 전달하는 메시지를 이해하는 능력의 필요성이 제기되었다. 이러한 영상 매체 시대의 미디어 리터러시 역량은 영상 언어를 올바르게 인식하고 비판적으로 수용할

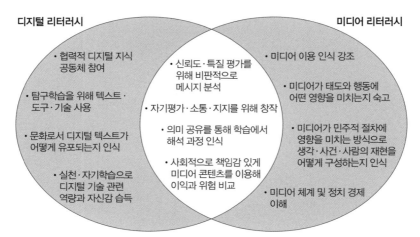

디지털 리터러시

- 협력적 디지털 지식 공동체 참여
- 탐구학습을 위해 텍스트·도구·기술 사용
- 문화로서 디지털 텍스트가 어떻게 유포되는지 인식
- 실천·자기학습으로 디지털 기술 관련 역량과 자신감 습득

- 신뢰도·특질 평가를 위해 비판적으로 메시지 분석
- 자기평가·소통·지지를 위해 창작
- 의미 공유를 통해 학습에서 해석 과정 인식
- 사회적으로 책임감 있게 미디어 콘텐츠를 이용해 이익과 위험 비교

미디어 리터러시

- 미디어 이용 인식 강조
- 미디어가 태도와 행동에 어떤 영향을 미치는지 숙고
- 미디어가 민주적 절차에 영향을 미치는 방식으로 생각·사건·사람의 재현을 어떻게 구성하는지 인식
- 미디어 체계 및 정치 경제 이해

그림 4-1 디지털 리터러시와 미디어 리터러시의 개념 비교(Hobbs, 2018; 정현선, 2021 재인용)

수 있는 수용자의 역량을 의미했다(Canavan, 1975). 그러나 이후 디지털 기술의 발달로 인해 디지털이라는 새로운 미디어를 이용할 수 있는 디지털 미디어에 대한 역량을 포괄하는 방향으로 미디어 리터러시의 개념이 확장되었다. 이처럼 새로운 기술과 미디어의 활용은 매번 새로운 미디어 리터러시의 개념을 확장하는 토대가 되었다. 표 4-1을 통해서 기술의 발달에 따른 미디어 리터러시의 개념 변화와 그에 따라 요구되는 역량은 무엇인지 살펴볼 수 있다.

표 4-1에 제시되어 있듯이, 영상 사회에서는 수용자로서 '비판적 이해 능력'이 미디어 리터러시 역량에서 강조되었다. 그러다가 점차 미디어를 직접 제작하고 소비하는 시대를 맞아, 1인 미디어로 진화하는 과정에서 이제는 비판적 이해 능력과 더불어 미디어의 생산과 소통, 협업 능력까지를 포함하는 통합적인 능력을 요구받게 되었다. 2016년 미국 대선 이후 촉발된 허위 정보와 가짜뉴스의 확산, 이를 가속화하는 소셜 미디어 플

표 4-1 기술 발달과 미디어 리터러시 역량 변화

구분	영상 사회	디지털 사회	지능 정보 사회
중심 기술	영상	디지털	ICBM, 인공지능
특징	시각	디지털	초연결, 초지능
미디어 플랫폼	소수의 미디어	다수의 미디어	1인 미디어
이용자	수용자	생비자	창작자
관련 용어	비주얼 리터러시	디지털 리터러시 정보 리터러시 인터넷 리터러시	스마트 리터러시 데이터 리터러시 알고리즘 리터러시
미디어 리터러시 역량	비판적 이해 능력	미디어 접근 능력 미디어 생산 능력 미디어 참여 능력	비판적 이해 능력 미디어 생산 능력 미디어 소통 능력 미디어 협업 능력
미디어 리터러시 관련 키워드	비판적 시청 영상	미디어 제작 디지털 참여	소통, 연결 공유, 협업 시민성

출처: 안정임 외, 2017, 32

랫폼의 성장과 급격한 변화와 발전을 거듭하는 미디어 생태계와 이에 영향을 받는 모두의 삶 속에서 미디어 정보 리터러시는 종종 많은 문제들을 해결하거나 예방할 수 있는 주요 열쇠로 거론되고 있다. 특히, 코로나19 팬데믹 상황에서 건강과 관련된 허위 정보들이 나와 이웃의 생명과 직접 연결되면서, "미디어 리터러시를 길러야 한다.", "미디어 리터러시는 미래 사회의 핵심 역량이다."라는 말을 하게 되는 것이다. 디지털 미디어 관련 정책과 제도를 정비하는 일과 더불어 시민사회의 구성원 모두가 각자의 미디어 리터러시 역량을 강화하는 일은 반드시 필요한 상황이 되었다.

통계청이 발표한 '2021 청소년 통계'에 따르면 90.8%에 달하는 대학생이 SNS를 이용하고 있다. 이제 미디어 문화를 이해하는 일은 디지털 네

이티브인 학습자들의 삶을 이해할 수 있는 중요한 맥락이 되었다(정현선·이원미, 2019). 학생들이 학교 밖에서 미디어를 통해 경험하는 문화와 삶의 패턴을 학교 교육의 내용과 방법으로 삼아, 학습자들의 삶을 이해하기 위한 교육을 지향할 필요가 있다. 최근 우리의 삶에 지대한 영향력을 미치는 리터러시를 신장하는 방법으로 지목되는 것은 바로 디지털 미디어 리터러시 교육의 강화이다. 즉, 수많은 디지털 환경 속 다양한 미디어의 정보 속에서 신종 사기와 적절하지 못한 광고에 귀한 시간과 노력, 재산을 빼앗기지 않기 위해서는 시민의식을 가진 이용자들의 비판적 미디어 리터러시를 높이는 방법이 최선으로 보인다.

그런데 디지털 환경에서 조작과 편집 기술은 빠르게 변화하고 있고, 기술을 악용하려는 잘못된 생각들은 점차 고도화, 조직화되고 있다. 이러한 디지털 미디어 정보 홍수 속에서 강력하고 매력적인 디지털 미디어가 어떻게 작동해서 우리 사회에 어떠한 영향을 끼치는지에 대한 교육은 아직도 부족한 실정이다. 이제야 교육부를 비롯한 우리나라의 교육계에서도 미디어 리터러시 함양을 위한 교육에 관심을 보이고 이에 대한 접근을 시작하고 있다. 시민교육에서 함양해야 할 미디어 리터러시 역량을 기르기 위해서 우선, 텍스트나 내용물에 대한 비판적 이해와 생산으로 '콘텐츠'를 비판적으로 소비하고 생산할 수 있는 실제적 능력을 길러 주어야 한다. 또한, 미디어 리터러시 교육은 사실을 말하면 믿을 만한 메시지라고 생각하도록 가르치는 것이 아니라, 사실을 말하는 미디어에도 편향이 담겨 있다는 것을 이해하고, 자신이 접하는 미디어 메시지에 어떤 편향이 담겨 있는지, 그 편향은 어디에서 비롯되는지, 그것이 갖는 함의는 무엇인지에 대해 질문하는 비판적 탐구의 자세와 방법을 가르치는 것이 중요하다. 결국 "미디어들을 비판적으로 이해하고, 창의적으로 구성·제작·

비평하며, 능동적이고 혁신적으로 이용 및 참여를 행하는 역량(강진숙 외, 2019)"이 디지털 시대를 살아가는 우리에게 필요한 디지털 미디어 리터러시다.

시민교육의 차원에서는 미디어 리터러시 강화를 위해 '시민적 판단', '시민적 소통', '시민적 실천' 등의 역량을 강조한다(이미영 외, 2020). 즉, 시민적 판단 역량은 공공의 문제 등을 사실과 가치의 측면에서 분석하고 비판적으로 판단할 수 있는 인지적 역량이다. 시민적 소통 역량은 다양한 상황에서 자신의 생각과 감정을 효과적으로 표현하고, 다른 사람의 의견을 경청하고 존중하며 소통하는 정의적 역량, 정직과 성실, 정의와 평등, 이해와 배려, 은근과 끈기, 사랑과 평화, 용서와 화해 등 시민적 가치와 태도 및 디지털 리터러시 등을 포함한다. 마지막으로 '시민적 실천' 역량은 공동체의식을 가지고 다양한 삶의 문제에 참여하는 시민으로서, 소통 역량을 바탕으로 자율적이고 책임감 있는 삶을 실천하는 행동적 역량을 뜻한다.

2. 미디어 리터러시 수업 사례 연구

가. 미디어 리터러시 교육의 필요성과 목적

미래의 학습자들에게는 수많은 매체와 자료들 속에서 새로운 의미를 발견해낼 수 있는 능력이 요청되고 있으며, 다양한 언어 양식의 의미 작용에 대한 비판적인 이해와 표현은 시민교육의 중요한 과제가 되었다. 우리나라의 현행 교육과정에서 교과교육을 통하여 '미디어 교육'이나 '정보

처리 역량'을 강조하는 것도 이러한 상황 인식에 바탕을 둔 것이다. 당연하게도 미디어 리터러시 함양을 위해 미래의 교육을 담당할 예비교사의 미디어 리터러시에 대한 접근 기회를 부여하고 그에 대한 능력을 함양하는 것은 시대적 요청일 것이다.

미래 교육을 대비하기 위해서는 예비교사를 위한 미디어 리터러시 교육을 점검하고 이에 관한 올바른 방향을 설정하는 연구를 좀 더 활발하게 할 필요가 있다. 동시에 미디어 리터러시 교육을 위한 행정적, 재정적 지원을 아끼지 말아야 할 것이다. 최근 미디어 리터러시와 관련하여 김아미 외(2020)의 연구보고서 '교원 및 예비 교원의 미디어 리터러시 교육 역량 강화 방안 연구'에서는 '지능 정보 사회에서 미디어 리터러시는 생존기술이자 시민사회 구성원이 지녀야 할 기본 역량'이라고 강조하였다. 그 연구에서는 예비교사의 미디어 리터러시 교육 역량 강화를 위해 다양한 측면으로 논의하고, 샤이베와 로고우(2011)의 견해를 인용하여 학교 미디어 리터러시 교육은 전통적으로 성찰 중심, 질문 중심의 교육이라는 특성을 지닌다고 하였다. 자연스럽게 학습자의 성찰을 이끌어내고 비판적 이해 역량까지 확장시킬 수 있는 다양한 교수–학습 전략이 제시되어야 하며, 이에 따른 예비교사 교육도 '지식 전달 위주 교육이 아닌 비판적 사고력, 소통 능력 등의 자질을 함양하고 이를 실천할 수 있는 가치관과 태도를 기르는 교육'이 강조되어야 한다.

이와 관련하여 함경림(2021)은 예비교사의 테크놀로지 활용 역량을 강화하기 위해서 기존의 수동적이며 전달식의 교사 교육을 넘어서는 실행전략이 필요하다고 하였다. 즉, Ertmer와 Ottenbreit–Leftwich(2010)에서 예비교사의 테크놀로지 활용 역량을 강화하기 위한 실행 전략으로 테크놀로지에 관한 지식과 기능(knowledge and skill), 자기효능감(self-efficacy), 교수 신념(pedagogical beliefs), 학교와 교과 문화(school/subject culture)로 네 영역으로 구분하여 제시한 바 있다. 그 내용을 간단히 정리한 것은 표 4-2와 같다.

표 4-2와 같이 미디어 리터러시 능력의 함양 역시, 다중매체 사용을 둘러싼 과학기술의 접근과 활용에 대한 이해와 익숙함을 전제로 함양될 것인데, 예비교사에게 이에 대한 구체적인 경험과 학습, 상호작용, 강의와 기술의 통합 등을 통해 시민교육이 진행되어야 한다. 특히, 예비교사의 미디어 리터러시는 그들이 미래에 가르치게 될 학습자들에게 전이되고 교수될 것이기에 예비교사 교육에서 시민교육에 대한 대비는 중요하다. 실제적인 시민교육을 통해 예비교사들이 미디어 리터러시에 대한 지식과 기능을 접하고 실행해 보는 기회를 통해 교사로서 효능감을 기르고,

표 4-2 예비교사를 위한 교육 전략

구분	예비교사를 위한 교육 전략
지식과 기능	• 차별화된 교육 방법이나 데이터 기반 의사결정 도구로 사용한 테크놀로지의 경험 • '모범 사례'로서 테크놀로지 사용에 대한 관찰(비디오, 현장 경험 등) • '모범 사례'로서 테크놀로지 사용을 학생 학습 성과와 연계하는 기사 읽기 및 토론 학습을 촉진하기 위한 기술 사용 연습 기회
자기효능감	• 테크놀로지를 교육적 도구로 사용해 보는 다양한 기회 제공 • 다양한 모델 및 예시에 대한 경험
교수 신념	• 현재의 교수 신념에 대한 성찰과 논의 • 다른 신념에 기초한 접근에서 비롯된 성공적인 학습의 증거 • 새로운 접근방식을 지원/사용하는 다른 사용자와의 상호작용
학교/교과의 문화	• 학교 현장에서 발생할 수 있는 제약에 대한 논의 및 대응 전략 설명 • 지역, 학교 및 현직 교사와의 파트너십을 통해 강의실 교육에 테크놀로지 통합 • 전문가로서 미래 역할에 대한 논의(학자, 연구자, 평생학습자로서의 교사)

출처: Ertmer · Ottenbreit-Leftwich,(2010; 함경림, 2021 재인용)

성공적인 미디어 제작과 공유의 경험으로써 미래교육의 새로운 문화를 창조해 나갈 수 있어야 할 것이다.

나. 미디어 리터러시 함양을 위한 교과 통합 수업 사례 연구[2]

(1) 연구 참여자

미디어 리터러시 함양을 위한 국어과와 음악과 통합 수업 사례 연구에서 개발한 통합 수업안 적용 대상은 J 교육대학교에서 2021년 2학기에 '교과 교재 및 지도법' 강좌를 수강하는 64명의 초등 예비교사들이다. 이들은 강의 계획에 포함된 멀티리터러시 활동 과정에서 생성된 성찰 기록 등 자신들의 산출물을 연구목적으로 활용하는 데에 동의한 후, 설문조사와 성찰 기록에 임하였다. 성별 구성은 여학생 39명(60.9%)이었고, 남학생 25명(39.1%)이었으며, 연령은 21세 27명(49.1%), 22세 13명(23.6%), 23세 이상 15명(27.3%)이었다. 연구 참여자들에게 가장 오래 거주한 지역이 어디인지 질문한 결과, 대도시가 23명(35.9%), 중소도시가 36명(56.3%), 읍면 지역이 6명(7.8%)인 것으로 조사되었다. 이들의 심화 교과 전공은 윤리 21명(32.8%), 국어 20명(31.3%), 음악 23명(35.9%)이었다.

(2) 통합 수업의 진행 과정과 연구자

수업은 2021년 9월 1주부터 3주까지 일주일에 50분씩 3차시씩 총 9차시를 3개의 전공 교과를 대상으로 실시되었다. 수업안은 각 교과 전공의

---

2. 이 절은 최은아·서현석(2022)의 연구내용을 근간으로 함

연구자 2인이 사전에 공동으로 개발하였다. 연구자 2인은 모두 교육대학에서 교과교육 관련 과목의 담당 교수자로서 10여 년 이상 강의한 경력을 가졌으며, 공동 연구자 중 1인은 국어교육을 전공했고, 1인은 음악교육을 전공하였는데, 수업은 국어교육 전공 연구자가 진행하였다. 두 연구자는 각 교과교육 영역에서 미디어 리터러시라는 중요한 교육적 공통분모를 찾았으며, 미래교육을 담당해야 할 예비교사들을 위한 미디어 리터러시 함양이 필요하다는 생각에 통합 수업을 계획하였고, 국어과와 음악과 교육을 접목하여 예비교사의 미디어 리터러시를 함양하고 두 개 교과 영역의 역량도 동시에 강화할 수 있는 방안을 모색하고자 하였다.

(3) 자료 수집 및 분석

국어과와 음악과의 통합 수업에 참여한 예비교사들의 미디어 리터러시 역량의 변화를 살펴보고자 멀티리터러시에 대한 사전·사후 설문지, 매 수업 후 작성한 수업 성찰일지, 모둠별로 제작한 동영상, 온라인 게시판에 작성한 동영상에 대한 상호 의견 등의 자료 등을 수집하였다. 또한, 수집된 자료를 멀티리터러시에 대한 사전 경험과 인식, 음악 매체의 효과 인식, 비평적 글쓰기 능력 개발, 협력적·비평적 의사소통의 능력, 미디어 리터러시에 대한 인식의 변화 등의 다섯 영역으로 나누어 분석하였다.

(4) 미디어 리터러시 함양을 위한 통합 수업 내용과 방법

1) 통합 수업의 구성 원리
예비교사의 미디어 리터러시 함양을 위한 국어–음악과 통합 수업안 구성 원리는 다음과 같다.

첫째, 다양한 매체의 특성을 경험하고 이해함으로써 이를 사용할 수 있게 한다. 미디어 리터러시 함양을 위해서는 언어나 시각 매체뿐만이 아니라 청각적인 음악 매체의 특성을 인식하고, 각각의 의미 구성 방식에 대한 이해를 바탕으로 매체를 활용할 수 있어야 한다. 이를 바탕으로 자신의 생각을 다른 사람에게 효과적으로 표현할 수 있는 능력이 발휘될 수 있기 때문이다. 무엇보다 단순히 매체의 특성을 아는데 그치지 않고, 이를 활용하여 자신의 생각을 효과적으로 표현하고 전달하는 것에 이르도록 하는 것이 필요하다.

둘째, 국어 교과와 음악 교과의 구체적인 교육 목표를 모두 고려하고, 각 관점에서는 체계적인 접근이 이루어지도록 한다. 국어과 교육의 관점에서 성찰적·비평적 글쓰기 능력 향상을 목표로 하였다. 미디어 리터러시 교육을 통해 다른 매체의 특징을 인식하며 전달하고자 하는 메시지를 해독하는 과정에서 글쓰기의 역할은 매우 중요하며, 학습자의 성찰과 비평은 미디어 리터러시의 중요한 바탕이 된다. 또한, 음악과의 관점에서는 음악을 감상하고, 음악이라는 매체의 특성과 의미 구성 방식에 대한 이해를 바탕으로 자신의 의도를 효과적으로 드러내도록 하는 것에 초점을 맞추었다.

셋째, 통합의 관점에서 각 매체에 대한 판단력과 안목을 기르고, 인간과 세상에 대한 이해에 대한 지평을 넓히도록 한다. 여기에서는 매체를 통한 소통의 다양한 맥락을 인식할 수 있는 능력을 함양하고, 다양한 매체를 이해하고 활용하는 과정에서 문화의 다양성과 소통의 중요성을 깨닫도록 이끌고자 하였다. 이를 위해 현재 사회적 이슈, 중요한 문제들을 폭넓게 탐색한 후 각자의 생각을 나누고, 모둠별로 산출한 동영상을 공유하는 한편, 그에 대한 의견을 나눔으로써 자유롭게 의사소통이 이루어지도록 하였다. 이러한 과정은 서로의 생각을 나누고 조율하면서 반영하는 것이 중요하다는 것을 경험할 수 있으며, 이는 개인의 인식을 확장하는 데에도 도움이 될 것이다.

2) 통합 수업의 개요

앞에 제시한 세 가지 구성 원리에 기초하여 3주차 총 9차시로 설계한 국어-음악과 통합 수업안의 개요 및 주요 내용은 다음 표 4-3과 같다.

표 4-3 통합 수업의 개요

1주차 (1~3차시)	주제	음악 영상 매체의 메시지를 해석하고 묘사하기
	목표	• 음악 동영상 매체의 표현 방식을 이해할 수 있다. • 묘사적으로 글쓰기를 할 수 있다. • 메시지를 전달하기 위한 매체의 표현 방식을 이해한다.
	주요 활동	• 음악 영상(Elegy for the Arctic) 감상하기 • 텍스트 의미 토의하기 • 묘사적으로 글쓰기
2주차 (4~6차시)	주제	음악 영상을 제작하고 협력적으로 소통하기
	목표	• 메시지 전달을 위해 음악을 사용할 수 있다. • 해석적으로 글쓰기를 할 수 있다. • 메시지 전달을 위해 멀티미디어 매체를 제작할 수 있다.
	주요 활동	• 메시지 전달을 위한 음악을 선택 또는 창작하기 • 해석적으로 글쓰기 • 모둠별로 영상 제작하기
3주차 (7~9차시)	주제	음악 영상 매체 제작 및 소통 과정에 대한 성찰적 글쓰기
	목표	• 음악의 쓰임을 이해할 수 있다. • 비평적·성찰적 글쓰기를 할 수 있다. • 매체 제작 및 공유 과정의 경험과 산출물을 공유하고 의미를 성찰할 수 있다.
	주요 활동	• 음악의 쓰임에 대해 정리하기 • 모둠별로 제작한 영상 매체에 대한 상호 평가하기 • 음악 영상 매체 제작, 평가, 공유에 대한 비평적·성찰적 글쓰기

3) 통합 수업의 내용

① 1주차 주요 내용

1주차 수업의 주요 내용은 이탈리아 작곡가이자 피아니스트인 루도비코 에이나우디(Ludovico Einaudi)가 분리된 빙하 위에서 '북극을 위한 애가(Elergy for the Arctic)'를 피아노로 연주하는 영상을 활용하여, 음악 영상 매체의 메시지 해석과 묘사적 글쓰기를 주제로 구성한다. 음악과의 관점에서는 음악 영상 매체의 특징을 이해하는 것, 국어과의 관점에서는 비평적 글쓰기의 토대가 되는 묘사적 글쓰기를 하는 것, 통합적 관점에서는 메시지를 전달하기 위한 각 매체의 표현 방식을 이해하는 것에 초점을 맞

표 4-4 1주차 주요 내용

• **음악 영상을 보고 영상에 대해 이야기 나누기(묘사하기)**
  – 영상에서 본 것(빙하가 녹아서 떨어지는 것, 빙하 위의 피아노, 화면의 움직임, 피아노를 연주하는 연주자), 영상이 주는 느낌(빙하의 문제가 심각하다는 느낌, 비장한 느낌) 등
• **다시 음악 영상을 보며 음악적 요소에 대해 이야기 나누기**
  – 음악에서 들은 것(연주 악기, 빠르기, 조성, 음형), 음악이 주는 느낌(슬프고 쓸쓸한 느낌, 무언가가 사라지는 느낌) 등
• **음악 영상 제작의 의도와 과정 이해하기**
  – 빙하가 녹는 것에 대한 경각심을 주고자 함
  – 음악을 통해 감성적으로 메시지를 전달하고자 함
• **비평적 글쓰기의 관점 안내하기**
  – 기술: 본 것, 들은 것을 기술하고 상세하게 묘사하기
  – 해석: 음악 영상이 무엇을 의미하는지, 무엇에 관한 것인지, 무엇을 표현하는지를 중심으로 적기
  – 평가: 작품의 현상과 내용에 근거하여 작품의 가치를 판단하고 평가하기
  – 맥락: 악곡이 만들어진 배경과 작곡가의 철학 및 사상, 작품의 내용이 담고 있는 의도 등을 파악하기
• **비평적 글쓰기의 관점에 따라 묘사적 글쓰기 작성하기**

추었으며, 이를 위한 수업의 내용은 표 4-4와 같다.

② 2주차 주요 내용

2주차 강의는 통합적 관점에서 모둠별로 우리 사회 주변의 문제들을 살펴보고, 하나의 주제를 정하여 음악 매체를 활용하고, 이에 적절한 문구를 작성하여 동영상을 제작하는 것을 중심으로 구성된다. 모둠별 토의는 자율적으로 강의실 안에서뿐만 아니라 밖에서도 이루어지며, 각 모둠에서는 협의를 통해 하나의 주제를 선정하고 어떤 내용과 방식으로 동영상을 제작할 것인지 의견을 조정하고 수렴하는 과정을 거친다. 모둠별로

표 4-5 2주차 주요 내용

- **동영상 창작 활동 과정 및 방법 안내하기**
- **모둠별로 동영상 제작하기**
  - 주제 정하기: 모둠별 토의를 통해 자유롭게 주제를 정한다.
  - 주제 전달을 위한 동영상 제작 계획 세우기(내용, 화면 구성, 음악, 주제 텍스트, 시간 담당자 등)
  - 동영상 제작을 위해 협의하기
- **모둠별로 만든 동영상을 LMS 게시판에 업로드하기**
- **다른 모둠이 만든 음악 영상을 보고, 비평 요소 중 해석과 평가적 글쓰기**

그림 4-2 페들렛을 활용한 조별 동영상 작품 공유

정한 주제를 효과적으로 전달하기 위한 이미지, 대본, 음악, 문구, 소품, 메시지 전달 방식 등을 결정하고 이를 구체화하기 위해 다양한 활동을 진행한다. 이러한 음악 영상 창작 과정을 통하여 음악과의 관점에서는 메시지 전달을 위해 음악을 활용하는 것을 익히며, 국어과의 관점에서는 과제 중심의 협력적 의사소통과 의사결정을 하는 상호작용을 경험할 수 있다. 또한 서로의 동영상을 감상하고 이에 대한 해석과 평가를 하는 소통적 글쓰기 활동을 경험하게 된다.

③ 3주차 주요 내용

표 4-6 3주차 강의의 주요 내용

- 교수자가 각 모둠이 제작한 동영상 및 상호 댓글에 대해 피드백하기
- 메시지를 전달하는 동영상 제작에서 어려웠던 점 공유하기
- 동영상 제작 과정에서 좋았던 점 공유하기
- 멀티리터러시 측면에서 동영상 제작에서 음악의 효과 평가하기
- 동영상 제작 후 공유하고 소통 과정에서 느낀점 공유하기
- 멀티리터러시 측면에 동영상 제작 과정을 종합하고 성찰하는 글쓰기

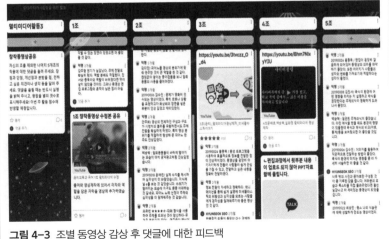

그림 4-3 조별 동영상 감상 후 댓글에 대한 피드백

3주차 강의의 내용은 동영상 제작 및 소통 과정에 대한 성찰적 글쓰기를 주제로 진행된다. 음악과의 관점에서는 음악 매체의 쓰임을 이해하는 것, 국어과의 관점에서는 성찰적 글쓰기를 하는 것, 통합적 관점에서는 동영상 매체의 제작 과정과 결과를 자신의 삶과 사회의 맥락에 비추어 성찰하는 것에 중점을 둔다. 구체적인 수업의 내용은 표 4-6과 같다.

3. 미디어 리터러시 수업 사례 연구의 결과 해석

가. 음악 매체의 효과 인식

1주차 강의에서 음악 영상 매체의 의미를 파악하고 해석하는 수업을 진행한 결과, 예비교사들의 성찰 기록의 묘사에는 '음악' 요소를 명확히 인식하며 음악이 영상과 자신에게 어떤 의미로 받아들여지는지 표현하는 것을 살펴볼 수 있다.

> 심오하면서도 왠지 모르게 우울한 기분이 들게 하는 멜로디가 영상 내내 연주된다. 영상 중간에 음악이 잘 들리지 않기도 하며 …… 빙산이 무너지는 소리와 모습이 함께 연출된다(A-1-11).[3]
> '애가(elegy)'는 문학 장르 중 하나로 슬픔을 노래한 시, 혹은 악곡을 의미한다. 이 작품은 음악과 영상을 결합하여 새로운 양식으로 우리에게 '북극의 위기'라는 메시지를 전달한다(B-1-7).

---

3. A는 윤리과, B는 국어과, C는 음악과 분반을 의미하고, 1은 1주차 강좌를, 그 다음 11은 연구 참여자가 작성한 성찰 기록의 일련번호를 나타낸다.

단조 계열의 음악을 영상에 삽입하여 사람들에게 환경오염에 대한 경각심을 주었다. '무너지는 빙하 속에서의 피아노 연주'를 설정해 연출미와 환경오염이라는 메시지를 영상 속에 담아내었다. 영상 의도, 연출, 음악, 편집의 4박자가 모두 맞았기 때문에 이런 좋은 영상이 나온 것이라 생각한다(B-1-8).

이 영상은 음악과 영상이 통합된 영상이다. 빙하가 무너지는 영상과 그 소리, 그리고 그 위에 연주되는 피아노 선율이 이 영상의 주제 의식을 잘 드러낸다. 만약 이 영상에서 피아노 연주가 없었다면 영상을 보는 사람들은 '그저 빙하가 녹아내리는 매번 보던 뻔한 영상'이라고 생각했을지도 모른다. 반대로 영상이 없었다면 피아노 연주를 듣는 사람들은 '슬픈 가락의 단순한 연주'라고 생각했을 것이다. 하지만 모두가 있었기에 '북극을 지켜 주세요.'라는 주제 의식이 더욱 신선하고 효과적으로 전달된 것이다(B-1-11).

위의 A-1-11의 기록에 나타난 바와 같이 연구 참여자들은 동영상 '북극을 위한 애가'를 감상한 후 영상에 드러난 시각적 정보만을 나열하는 묘사가 아니라, 음악적 요소에 초점을 두고 피아노 연주가 주는 느낌과 빙하가 녹아서 떨어지는 소리, 연주자의 탄식과 같은 청각적 정보에 관심을 기울이게 되었다. B-1-7에서는 '애가'라는 악곡의 형식이 슬픔을 노래한다는 것을 확인하고 있는데, 동영상 감상을 통해 악곡의 형식이나 의도를 찾아보는 계기가 된 것이다. 또한, 연구참여자들은 B-1-11에 나타난 바와 같이 단조의 음악이 주제와 연결되어 환경오염의 경각심을 심어주는 효과가 있음을 인식하기도 하였다. 또한, B-1-18의 기록에 나타난 바와 같이 단순히 음악만을 감상했을 때와 빙하가 녹아내리는 장면이 통합이 되어 새롭고 강력한 메시지를 전해 줌을 깨닫기도 한다. 즉, 연구 참여자들은 음악 영상 제작의 의도와 메시지가 음악과 어우러져 추가적이고 새로운 효과가 연동되고 있음을 알게 된 것이다.

나. 비평적 글쓰기 능력 개발

비평적 글쓰기는 멀티리터러시 교육에서 메타 언어 능력을 길러 주는 역할을 한다. 즉, 언어, 청각, 시각적 양식 등 다양한 매체에서 의미를 파악하고 그것을 구체화하는 능력을 함양할 수 있다. 이 연구에서 진행한 멀티리터러시 수업을 통하여 학습자들은 상세한 묘사를 통해 동영상의 대상과 상황을 좀 더 자세히 관찰하고 이를 통해 조망하였다. 또한 자신이 보고 느낀 것에 대한 묘사에서 의미를 생성하고, 자신의 경험과 연관 지어 또 다른 생각을 떠올리며 매체를 해석하고 평가하였다.

처음 영상이 시작할 때 검은 배경에 피아노 연주자 이름과 그린피스, 장소의 위도와 경도가 나와 있었다. 백발의 피아노 연주자가 특별 제작된 빙산 위에서 연주를 하고 있는 모습이 보인다. 표정을 찡그리며 연주에 열중하는 모습이다. … 마지막에 Please save the arctic이라는 문구와 일부 국가들은 환경보존을 원하지 않으니 당신이 목소리를 내어달라는 문구와 함께 영상이 끝을 맺는다(C-1-19).

영상은 스산한 바람소리와 함께 쿵 하고 떨어지는 소리, 놀라는 남자로 시작된다. 이내 무겁고 서글픈 음악이 울리고, 남자의 찌푸린 미간은 처량한 감정을 돋운다. 그러다 장면은 원경에서 바라보는 시점이 되고, 주변의 녹아 가는 빙하가 눈에 띈다. 이는 다시 하늘에서 부감하는 시점이 되어 듬성듬성한 빙하와 바닷물로 둘러싸인 환경을 더욱 부각시킨다(B-1-18).

C-1-19의 성찰 기록은 동영상에 관찰한 사실을 필자의 관점으로 실체화하여 언어를 통해 독자에게 명확하고 생생한 정보를 전달하고 있다. 또한 B-1-18에 나타난 것처럼 상세한 묘사를 통해 궁극적으로 자신의 동영상 매체를 통해 인상 깊었던 '장면이나 시점(관점)'을 드러내고, 그때 느꼈던 생각이나 느낌을 독자에게 설득하고자 한다. 김승연·박지학·서현석(2020)에서는 묘사적 글쓰기가 구체적인 대상뿐만 아니라 추상적인 대상에도 언어로써 실체를 부여하여 자신의 생각을 구체화하는 사고의 과정이기에 설명이나 논증의 글쓰기 모두에서 중요하다고 논의한 바 있다. 이러한 묘사하기는 비평적 글쓰기의 기본 바탕을 이루는 동시에, 학습자로 하여금 자신이 관찰하고 있는 것에 대한 주의나 관심을 환기하며 새로운 의미를 생성하는 역할을 하기에 미디어 러터러시 함양에도 중요하게 기여할 것이다.

아름다운 곡을 연주하는 남자는 어느 순간 생존의 위기 속에서 위태롭게 연주하는 남자가 되어 있다(B-1-18).

녹아 떠다니는 불안한 빙하의 모습과 비교되어, 인간이 만든 구조물 위에서 연주하는 피아노와 연주자의 안정적인 모습은 참으로 비극적이다. 음악적으로도 곡은 비슷한 선율이 반복된다. 반복되는 선율이 약간 불안한 느낌을 주며, 내려가는 가락에서 녹아 내려가는 빙하가 연상된다(C-1-5).

이 영상의 의도는 크게 보면 환경오염, 그 안에서도 지구온난화로 인한 극지방의 생태계 파괴를 알리고자 하는 것이다. 백발의 피아니스트는 인류를 상징한다. 피아니스트는 녹아내리는 빙하를 바라보며 연주를 계속한다. 우울한 피아노 연주의 지속은 인류의 편의, 발전을 위해 끊임없이 발생하는 환경 파괴가 지속되고 있다는 것을 의미한다. 무너지는 빙하 소리에 이 연주의 소리가 잠시 묻히기도 했지만 그럼에도 연주는 계속된다. 이는 환경 파괴가 진행되고 있고 심각한 상태인 것을 인지하고 있지만 여전히 환경 파괴를 일삼는 것이다(A-1-6).

위와 같이 연구 참여자인 예비교사들은 루드비코가 빙하 위에서 연주하는 약 3분간의 동영상을 감상하면서, 자신의 생각의 흐름과 변화를 다양하게 기술하였다. '아름다운 모습에서 위태로운 모습의 피아니스트(B-1-18)'를 새롭게 발견하기도 하고, 떨어져 나가는 빙하의 모습은 위태로운데 연주자의 안정적인 모습은 비극적(C-1-5)이라고 해석하기도 한다. 또한, '백발의 피아니스트는 인류를 상징하며, 우울한 피아노 연주의 지속은 인류의 편의, 발전을 위해 끊임없이 발생하는 환경 파괴가 지속되고 있다는 것을 의미(A-1-6)'한다며 자신이 발견한 개별적인 의미를 설명한다. 연구 참여자들은 동영상을 감상하고 최종적으로 자신의 관점을 좀 더 명확하게 드러내고자 시도하는데, 이는 곧 동영상 텍스트에 대한 가치 판단 즉, 평가적 글쓰기로 좀 더 구체화된다.

만약 창작자가 영상 도입부터 '환경오염이 심각하니 여러분의 도움이 필요합니다.'라고 말하고 영상을 시작했더라면 흥미가 떨어졌을 것이다. 그러나 의도를 (음악을 통해) 간접적으로 끊임없이 드러냈기 때문에 흥미를 가지고 3분이라는 영상을 긴장감 있게 감상할 수 있었다. 창작자가 자신의 의도를 영상을 통해 효과적으로 드러냈다(A-1-18).
이 영상의 가치는 첫째로 북극의 보호가 절심함을 대중들에게 전달하는 것에서 찾을 수 있다. 전문가의 쓴소리가 아닌 예술로서 다가감으로써 사람들에게 북극의 위기를 알리고자 하였다. 1600만을 넘어선 영상의 조회수는 이 영상이 그 역할을 충실히 수행하고 있음을 보여 준다. 그 1600만 명의 독자들 중에는 북극의 위험을 깨닫고 사소하게라도 행동을 바꾸는 사람도 있으리라 생각한다. 둘째로, 이 작품은 작품 자체의 아름다움만으로도 가치를 지닌다. 대가의 피아노 소리와 자연의 소리가 어울리며 환상적인 느낌을 자아내고, 쉽게 촬영할 수 없는 북극의 모습 또한 장관이다(C-1-12).

첫째로, 이 영상의 미적 아름다움이 오히려 작품의 메시지로부터 눈길을 빼앗고, 단순한 문명의 향유로서 기능하게 하리라는 것이다. 목적과는 정반대의 역할을 할 수도 있는 것이다. 둘째는 '북극의 위험'이라는 주제는 이미 널리 알려져 있지만, 사람들이 그 심각성을 느끼지 못한다는 점이 가장 큰 문제라는 점이다. 하지만 이 영상은 실제로 우리에게 들이닥칠 문제를 체감하고 전달하기는 어렵다. 때문에 메시지 전달의 역할을 충실히 할 수 있을지에 의문이 든다(B-1-3).

A-1-18에서는 동영상 텍스트의 효과성을 인정하고 있다. C-1-12에서는 예술로서 대중들에게 북극의 위기를 알렸고, 그 자체가 아름답다는 점에서 가치를 인정하고 있다. 하지만 B-1-3에서는 동영상 텍스트의 가치를 낮게 평가하고 있다. 즉, 미적 아름다움으로 전달하려는 목적이 약화될 수 있으며, 실제적인 문제를 구체적으로 전달하기에는 어려움이 있을 것이기 때문에 메시지 전달에 충실할 수 없을 것이란 점에서 부정적인 관점을 내보이고 있다.

다. 협력적·비평적 의사소통 능력 향상

미디어 리터러시 교육에서 가장 중요한 것 중에 하나는 다양한 관점과 생각을 공유하고 이를 수용할 수 있는 유연성을 기르는 것이다. 동일한 동영상 매체를 감상하였음에도 다양한 관점과 해석이 존재함을 인식하는 과정은 미디어 리터러시 함양에 유용한 활동이다. 또한, 자신이 창작한 동영상 매체를 타인에게 공유하고 자신이 의도한 의미를 이해하려는 상대방의 생각을 확인하며, 이를 반영하여 자신의 생각을 수정하는 과정은 미디어 리터러시 교육의 특성이라고 할 수 있는 의사소통의 중요성을 깨닫게 한다. 또한 자신에 대한 객관적이면서 동시에 주관적인 성찰을 활성화시킨다. 이 과정을 통해 학습자는 자신이 개발한 미디어의 영향력과 가치를 재인식할 수 있고, 스스로 세상에 대한 인식을 확장해가게 된다.

 … 장면마다 분위기와 장면에서 말하고자 하는 바에 맞춰 음악을 창작하자니 매우 어려웠고 힘들었다. 모이기 전에 생각했던 것과는 달리 빠르게 끝나지 않는 음악 창작은 우리를 점점 지치게 했다. … 만약 우리가 슬픔을 나타내는 음은 어떤 음이 있고, 어떤 선율을 사용해서 나타내면 좋을 지를 의논하고 음악을 창작하기 시작했다면 더욱 수월하게 끝날 수 있었을 것 같다는 후회가 남는다. 그래도 모둠원과 서로의 음악을 듣고 비평해 보고 가장 좋았던 음악을 선택하는 과정은 나에게 소통의 시간이었다는 점에서 많은 의미를 주었다(A-2-17).

 나는 남들에게 내가 만든 것을 소개하고 보여 주는 것이 부끄럽다고 생각했다. 하지만 이번에 교수님께 피드백을 받고, 그리고 패들렛에서 다른 동기들이 남긴 감상평을 보고 생각을 완전히 바꾸게 되었다. (타인의 의견을 받아들인) 덕분에 우리 조가 영상의 주제를 더 명확히 드러낼 수 있는 방향으로 수정을 할 수 있었다. … 나는 지금까지 발전할 수 있는 기회를 소중히 여기지 않고 오히려 부끄럽게 여겼던 것이다. 멀티리터러시 활동 자체로서도 배운 점이 … 다른 사람의 의견을 듣고 변화할 수 있는 기회의 소중함을 다시금 느낄 수 있어서 좋았다(C-3-19).

라. 미디어 리터러시에 대한 인식의 변화

3주의 강의를 통해 연구 참여자인 예비교사들은 음악 동영상을 세밀하게 접근하여 음악 요소를 인식하고 묘사, 해석해 본 후 평가하는 경험을 하였다. 그런 다음 자신의 메시지를 타인과 사회에 전달하기 위해 동영상을 제작하였다. 그 과정을 마무리하면서 예비교사들의 멀티리터러시에 대한 인식의 변화를 살펴보기 위하여 '나(내 생활이나 우리 사회)와 멀티리터러시(복합 문식성)의 관계는 어떠한가?'라는 질문을 하였다. 그 결과는 그림 4-4와 같다.

응답자의 26명(44.1%)가 자신의 삶에 멀티리터러시가 매우 관련이 있다고 응답하였으며, 28명(47.5%)이 자신과 관련이 있다고 하였다. 5명(8.5%)만 보통이라고 응답하였다. 이러한 비율은 사전 설문 조사에서는 멀티리터러시에 관하여 어렵다, 잘 모르겠다. 힘든 것·복잡한 것이라고 반응한 것과는 상반된 양상이다. 3주라는 단기간의 수업을 통해서 연구

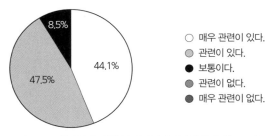

○ 매우 관련이 있다.
◐ 관련이 있다.
● 보통이다.
● 관련이 없다.
● 매우 관련이 없다.

그림 4-4 나(자신과 사회)와 멀티리터러시와의 관계(N=59)

참여자들은 멀티리터러시라는 개념에 좀 더 쉽게 접근하게 된 것이다. 이러한 경향은 마지막 질문에서 '활동을 마치면서, 멀티리터러시(복합 문식성)라는 말에 대해 떠오르는 생각은 무엇인가?'라고 물었을 때 응답한 내용에서도 잘 나타난다.

나의 의견을 효과적으로 표현해 낼 수 있는 하나의 도구/ 정보화 사회에 필수적인 능력/ 디지털/ 인상적인 전달/ 서로의 생각과 경험을 공유하는 활동/ 많은 정보를 이해하고 다시 재생산할 수 있는 능력/ 많은 감각을 활용한 정보 인식/ 디지털 자료를 이용한 의미 생성과 전달/ 복잡해 보이지만 결국에는 하나의 의미를 전달하는 콘텐츠를 만드는 것/ 매체에 수동적으로 반응하는 것을 넘어, 매체의 생산자로서 시청자를 염두하여 멀티미디어를 만들어 내는 능력/ 복합적인 감각/ 효과적인 의사소통 방법/ 정보를 선별하고 비판적으로 해석할 수 있는 능력/ 여러 감각을 사용할 수 있는 매체를 통하여 나의 생각을 효과적으로 전달하는 활동/ 어떠한 문제 상황을 여러 가지 매체를 동시에 활용하여 알려주는 것/ 수용하는 것에 그치는 것이 아니라 생산하는 영역까지 다양한 매체 요소로 의미를 구성하는 것/ 영상 매체의 자료를 잘 선택하는 것, 잘 읽는 것, 자신의 의견이 담긴 자료를 만드는 것은 미래 교육에서 핵심적으로 다루어야 할 주제/ 우리에게 멀리 있는 것이 아니라, 의사소통을 위해 필수적인 것/ 제4차 산업혁명 시대에 꼭 필요한 능력이자 많은 정보 속에서 비판적 능력을 기르기 위한 중요한 능력/ 비판적 사고력, 지속적 학습, 사회적 의사소통/ 모든 멀티미디어에서 사용되는 다중적 독해력/ 미래 사회에서 꼭 갖추어야 할 역량/ 자유롭게 다양한 미디어를 통해 내가 말하고자 하는 바를 시청자에게 전달할 수 있는 것. 다양한 미디어를 사용하고 접하는 것을 두려워하지 않는 것. 미디어를 본 뒤 이를 해석할 수 있는 것/ 초등학교

교육에 꼭 필요한 것/ 주제를 불문하고 학교에서 활용하기 좋은 활동/ 세상을 변화시킬 힘

멀티미디어 리터러시 활동 후 예비교사들은 미디어 리터러시가 앞으로의 세상에서 서로의 생각과 경험을 소통하는 일상적이면서도 핵심적인 의사소통 능력으로 다가옴을 좀 더 명확하게 알게 되었다. 더불어 멀티리터러시 함양을 위해서는 비판적 사고력, 지속적 학습, 의사소통 능력 등이 요구되며, 미디어의 수용뿐 만이 아니라 생산과 소통으로 이어져야 함을 깨달았다. 이들은 미디어 리터러시를 미래 교육에서 꼭 필요한 것, 활용해야 하는 활동이며, 더 나아가 세상을 변화시킬 힘이라고 인식하였다.

4. 미디어 리터러시 함양을 위한 교육에 대한 제언

앞에서 예비교사의 미디어 리터러시 함양을 위하여 국어과와 음악과의 통합 수업안을 개발하고, 예비교사 대상 전공 강의에 멀티리터러시 활동을 고안하여 적용한 후 그 효과를 살펴보았다. 개발된 통합 수업안을 적용한 후 산출된 수업 자료를 분석한 결과, 음악 매체의 효과 인식, 비평적 글쓰기 능력, 협력적·비평적 의사소통 능력의 측면에서 예비교사의 미디어 리터러시가 향상되었으며, 멀티리터러시에 대한 인식 또한 긍정적으로 변화되었음을 확인할 수 있었다. 연구 결과에 기반하여 결론을 요약하여 제시하면 다음과 같다.
첫째, 예비교사의 미디어 리터러시를 함양하기 위해서는 다양한 매체의 특성을 이해하고 활용하여 의미를 생성하는 실제적인 경험이 필요하

미래 시민사회를 위한 시민교육의 시선들

다. 연구를 통해 개발한 통합 수업안을 적용하기 전에 실시한 설문조사에서 예비교사들은 대체로 멀티리터러시에 대해 나름대로 규정하고 그 의미를 유추할 수는 있지만, 자신의 삶과 연관시키거나 스스로 멀티리터러시를 갖추고 무엇을 제작하는 과정에 참여한다는 것은 어렵다고 생각하는 경향이 있었다. 반면, 통합 수업 참여 후 실시한 설문조사를 통해, 예비교사들이 수동적인 수용자가 아닌 능동적인 생산자로서 음악 영상을 제작하는 과정에서 멀티리터러시가 자신의 삶과 밀접한 연관이 있다는 것을 느끼고, 멀티리터러시에 대한 관심과 자신감을 갖기 시작하였으며, 멀티리터러시가 미래 사회에서 필요한 역량으로서 초등교육에서 가르칠 필요가 있다는 인식을 갖게 되었음을 파악할 수 있었다. 이는 미래의 교육을 담당할 예비교사 교육과정에서 미디어 리터러시 함양을 위한 수업이 좀 더 적극적으로 이루어져야 함을 시사한다.

둘째, 다양한 매체를 활용하는 미디어 리터러시 교육을 위해서는 교과를 연계하여 통합적으로 지도하는 것이 필요하다. 미디어 리터러시를 위한 국어과와 음악과 통합 수업 과정에서 예비교사들은 소리, 악기, 매체, 사람, 환경 등을 이해하고 맥락에 맞게 음악의 역할을 이해하여 음악을 확산시키고 재생산할 수 있는 능력과 자신의 표현을 증진하고 사고를 구체화하는 글쓰기 능력을 향상시킬 수 있었다. 멀티리터러시 교육의 핵심 내용은 의미를 생성하는 과정, 새로운 의미 형태의 재창조에 있으며, 이를 위해서는 의미 생성을 위한 다양한 매체와 언어적, 시각적, 청각적, 공간적, 심동적 양식의 연관성을 이해하고 통합적으로 활용하는 것이 필요하다. 따라서 의미 생성의 재료가 되는 서로 다른 교과를 연계하여 통합적으로 지도하는 것은 멀티리터러시를 함양할 뿐 아니라 각 교과의 지식과 기능을 맥락적으로 이해하고 좀 더 폭넓게 활용하도록 이끌어 줄 것이다.

  셋째, 미디어 리터러시 교육을 통해 비평적이면서 협력적 의사소통 능력이 함양될 수 있다. 멀티리터러시 교육에서는 매체를 활용하는 소비자나 생산자의 역할을 부여하여 서로 소통하도록 하며, 기본적으로 선형적 방법뿐 아니라 비선형적 방법, 다양한 매체를 활용함으로써 의사소통의 방법과 영역을 확장한다. 또한, 예비교사들이 음악 영상 제작을 위하여 주제를 정하는 것에서부터, 음악을 선택하거나 창작하고, 문구를 작성하고, 역할을 나누어 실행하고, 각 모둠별로 제작한 음악 영상을 공유하고, 이에 대한 의견을 나누는 과정에서 지속적으로 의사소통하는 것을 확인할 수 있었다. 미디어 리터러시는 다양한 매체와 비평적이면서 협력적인 의사소통 과정을 통해 만들어지는 복합양식이자 그와 같은 의사소통 능력을 기르는 장(場)이 되는 것이다.

  국어과와 음악과의 통합 수업안 개발과 운영의 사례처럼, 교과 통합과 융합 교육의 방법은 예비교사의 미디어 리터러시 함양을 위해 유용한 방안의 하나가 될 것이다. 앞으로 예비교사 교육을 위한 미디어 리터러시 교육과정과 구체적인 교수 자료의 개발 및 효과성 검증에 대한 연구가 좀 더 다각적으로 활성화되길 바란다.

참고문헌

강진숙·배현순·김지연·박유신·염지홍, 2019, **미디어 리터러시 교육과정 운영을 통한 시민역량 제고 방안 연구**, 세종: 교육부.

김아미, 2021, **교사 및 예비교사의 미디어 리터러시 교육 역량 강화 방안 연구**, 정책연구 2020-01 인재양성사업팀, 한국연구재단.

부산광역시교육청, 2022, **미디어 리터러시, 교육을 만나다**, 부산광역시교육청.

김용찬, 2023, **포스트매스미디어**, 컬처룩.

조성민·구남욱·김현정·이소연·이인화, 2019, **OECD 국제 학업성취도 평가 연구: PISA 2018 결과 보고서**, 한국교육과정평가원 연구보고 RRE 2019-11.

이순영·김주환, 2022, 대학생 독자의 독서 흥미 변화 양상 연구, **한국어문교육**, 38, 69-103.

김혜정·허모아, 2021, 청소년기 독서 수행 및 인식에 관한 실태 조사, **독서연구**, 59, 9-50

박태호, 2008, 개선해야 할 초등 국어 수업 문화와 교사 대응, **청람어문교육**, 38, 7-36.

김주환, 2017, 중학생들의 작문능력 실태 조사 연구, **교육과정평가연구**, 20(1), 271-295.

김규선·진선희, 2004, 활동 중심 문학 교수-학습의 문제점과 그 극복방안, **한국초등국어교육**, 26, 5-38.

노창희·성동규, 2015, 문화자본이 미디어 리터러시 형성에 미치는 영향, **언론과학연구**, 15(3), 97-130.

최은아·서현석, 2022, 예비교사의 멀티리터러시 함양을 위한 국어-음악과 통합 수업안 개발 및 효과, **음악교육공학**, 50, 47-66.

안정임·김양은·전경란·최진호, 2017, 지능정보사회에서의 미디어 리터러시 이슈
및 정책 방안 연구. **방통융합정책연구**, KCC-2017-41.

안정임·서윤경·김성미, 2013, 청소년의 디지털 시민성에 관한 연구: 미디어 리터러
시와 교육경험의 영향력을 중심으로. **시민교육연구**, 45(2), 161-191.

오지향, 2018, 음악교과에서 멀티리터러시 교육의 의미와 실천방안. **교사교육연구**,
57(4), 601-616.

이미영·김양은·송여주·양철진·임재일, 2020, **미디어 리터러시 교육을 통한 디지털
시민교육 강화 방안**, 경기도교육연구원

장의선·권유진·박종임·이인태·이철현, 2021, **학교 미디어 교육을 위한 교과 교육
과정 개선 방안 연구**, 한국교육과정평가원 연구보고 CRC 2021-1.

정현선, 2005, 언어·텍스트·매체·문화 범주와 복합문식성 개념을 통한 미디어교육
의 국어교육적 수용에 관한 연구, **한국초등국어교육**, 28, 307-337.

정현선·김아미·박유신·전경란·이지선·노자연, 2016, 핵심역량 중심의 미디어 리
터러시 교육 내용 체계화 연구. **학습자중심교과교육연구**, 6(11), 211-238.

정현선·이원미 역, 2019, **디지털 네이티브 그들은 어떻게 배우는가**, 사회평론아카데
미.

한정선, 2000, 21세기 교사를 위한 멀티리터러시 교육, **교육과학연구**, 31(3), 이화여
자대학교 교육과학연구소, 87-109.

함경림, 2021, 예비교사들이 경험한 구글어스 활용 지리 수업의 특징과 유용성, **한국
지리환경교육학회지**, 29(1), 73-87.

허수미, 2016, 지속가능성에 기반한 사회과 환경교육의 재구성, **학습자중심교과교육
연구**, 16(8), 351-377.

UNESCO, 2018, **2018 미디어·정보 리터러시 국제심포지엄 자료집**, 유네스코한국위
원회

Brown, J. A., 1998, Media literacy perspectives, *Journal of communication*, 48(1),
44-57.

Canavan, K. B., 1975, *Mass media education: Curriculum guidelines for secondary schools, years 7-12*, Catholic Education Office.

Cope, B. · Kalantzis, M., 2015, The things you do to know: An introduction to the pedagogy of multiliteracies, In Cope, B. · Kalantzis, M.(Eds.), *A Pedagogy of Multiliteracies: Learning by Design*, London: Palgrave, 1-36.

Mills, K. A., 2009, Multiliteracies: Interrogating competing discourses, *Language and education*, 23(2), 103−116.

New London Group, 1996, A Pedagogy of multiliteracies: Designing social futures, *Harvard educational review*, 66(1). 60−93.

Hobbs, R. · Coiro, J., 2018, Design features of a professional development program in digital literacy, *Journal of adolescent and adult literacy*, DOI: doi: 10.1002/jaal.907

Selber, S., 2009, *Multiliteracies for a digital age*, Southeastern Illinois University Press.

5장

인공지능 리터러시 교육

정영식
전주교육대학교 컴퓨터교육과 교수

인공지능 리터러시 교육은 인공지능의 개념과 원리를 이해하고, 그것을 활용하여 실생활 문제를 해결할 수 있는 능력과, 인공지능이 우리 생활에 미치는 영향을 이해하고 바르게 사용할 수 있는 능력을 기르는 것이다. 따라서 인공지능 리터러시 교육을 인공지능의 이해, 인공지능의 활용, 인공지능의 윤리로 구분할 수 있다.

1. 인공지능의 개념

인공지능을 이해한다는 것은 인공지능의 개념을 이해하고, 인공지능이 우리 생활에 미치는 긍정적인 영향과 부정적인 영향을 이해하는 것이다. 따라서 인공지능 리터러시 교육에서 가장 먼저 선행되어야 할 내용은 인공지능의 개념과 영향을 살펴보는 것이다.

가. 인공지능의 정의

인공지능(AI; Artificial Intelligence)은 '인간처럼 생각하는 기계'를 말한다. 인공지능의 개념은 1950년 앨런 튜링(Alan Turing)이 진행한 튜링 테스트(Turing test)에서 기원한다. 튜링 테스트는 인간과 같은 반응을 일으키도록 설계된 컴퓨터 응답자와 인간 응답자 사이에서 인간 평가자가 문자로 대화하면서, 그 평가자가 기계와 인간을 구분하지 못할 경우 그 기계는 생각할 수 있다고 보는 것이다. 이것은 기계가 정답을 제시하는 능력을 평가하는 것이 아니라, 기계가 제시하는 답이 얼마나 인간다운지를 평가하는 것이다(TechTarget, 2023).

인공지능은 1956년 존 매카시(McCarthy)에 의해 '지능형 기계를 만드는 과학과 공학'으로 처음 정의된 후, 수십 년 동안 인간 지능을 모방하려는 일련의 규칙과 환경을 기반으로 추론하고 적용할 수 있도록 진화하였다. 그는 인공지능을 "작업을 수행하거나 문제를 보다 효과적이고, 효율적이고, 창의적이고, 안전하게 해결하기 위해 고안된 소프트웨어"로 정의하였다(McCarthy, 2007).

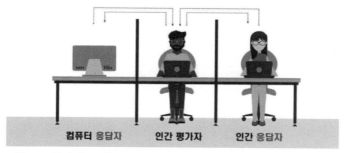

그림 5-1 튜링 테스트(출처: TechTarget)

나. 인공지능의 영향

인공지능은 스마트폰, 센서, 로봇뿐만 아니라 인공지능 챗봇, 음성 인식 전자 제품 등에 활용되어, 우리의 삶을 보다 편리하게 지원하고, 직업과 산업에도 큰 영향을 미치고 있다. 인공지능이 미치는 영향을 구체적으로 살펴보면 다음과 같다(천현득, 2017).

첫째, 인공지능은 인간다움에 대한 생각을 변화시키고 있다. 인공지능이 인간의 인지적 능력을 추월하고 그것을 대신하고 있으나 감정을 느끼지 못하고 있다. 따라서 사람들은 인간다움을 지적인 능력이 아니라 정의적인 영역에서 찾으려 하고 있다.

둘째, 기존의 직업이 대체되고 새로운 직업이 생겨나고 있다. 4차 산업혁명 시대에 많은 직업이 인공지능 로봇에 의해 대체될 것이라는 우려 속에서도, 인간의 감정을 읽고 인간과 상호작용하는 직업은 가장 오래 남을 것이라는 예측이 많다. 또한, 텔레마케터나 중장비 운전사와 같은 단순 노무직은 사라지고, 드론 관제사나 빅데이터 분석가와 같이 신기술을 기반으로 한 새로운 직업이 창출될 것으로 예상된다.

셋째, 인간과의 자연스러운 상호작용을 통해 삶의 편의성을 지원한다. 일반 가정이나 병원, 양로원, 학교 등에서 사람들의 일상생활이나 치료 과정을 도우면서 사람과 상호작용할 수 있는 인공지능이 개발되고 있다. 이러한 인공지능은 기존의 전자제품과는 달리 이름을 붙여 주고 말을 거는 등 사회적인 상호작용이 가능하여 반려동물이나 가족과 같이 느끼게 해 준다.

넷째, 이와 반대로 인공지능은 인간의 오용과 지나친 신뢰로 인간의 삶을 위험에 빠뜨리게 할 수 있다(고인석, 2016). 인공지능 자체는 두려운 대상은 아니지만, 인공지능을 개발하고 사용하는 인간에 의해 악용될 수 있다. 또한, 인공지능은 인간이 만들었지만, 인간이 이해할 수 없는 것으로 변해갈 수 있다. 인공지능의 판단을 이해하지 못한 채 인공지능의 판단이 최선이라고 믿게 되면, 인간은 더 이상 스스로 판단하지 않고, 인공지능에 의존하게 되어 인간성 자체를 상실할 우려가 있다.

2. 인공지능 리터러시의 이해

인공지능이 우리 삶 곳곳에 스며들면서 인공지능 리터러시는 모든 시민들이 기본적으로 갖추어야 할 리터러시가 되었다. 리터러시(literacy)라는 의미는 '읽고 쓸 수 있는 능력'을 의미한다. 즉, 문자로 된 기록물을 읽고 지식과 정보를 이해할 수 있는 능력을 말한다. 오늘날 인터넷 발달로 쏟아지는 지식과 정보를 습득하는 능력은 민주시민으로서 갖추어야 할 기본적인 역량이 되었다. 19세기까지만 해도 특권 계층에서만 리터러시 능력을 취득할 수 있었다. 그러나 오늘날 디지털 시대에서는 모든 사람들이 '디지털로 글을 읽고 쓸 수 있는 역량'을 갖추고 있어야 사회 속에서 동등한 기회를 가질 수 있다. 최근 리터러시라는 용어는 디지털 리터러시, 미디어 리터러시, 데이터 리터러시, 정보 리터러시, 인공지능 리터러시 등 새로운 기술을 활용하여 지식과 정보를 습득할 수 있는 능력으로 확장되고 있다.

가. 인공지능 리터러시의 개념

인공지능을 활용하여 일을 제대로 처리하려면 적절한 인공지능을 스스로 선택하고, 그 결과를 예측할 수 있어야 한다. 즉, 인공지능 리터러시가 필요하다. 인공지능 리터러시란 인공지능 시대를 살아가는 구성원으로서 일상적인 삶을 영위하고 직무를 수행하는 데 필요한 소양으로서 인공지능을 윤리적으로 활용하고자 하는 태도를 가지고, 인공지능 기술과 데이터의 관리, 활용, 구성의 과정을 통해 문제를 해결하는 실천적 역량을 의미한다. 쉽게 말해 인공지능을 이해하고 활용할 수 있는 능력을 의미한다(홍지연, 2020). 인공지능을 이해한다는 것은 인공지능이 무엇인지, 어디에 적용되는지, 어떤 것이 인공지능인지를 아는 것을 의미하며, 인공지능을 활용한다는 것은 인공지능을 실생활의 문제해결에 적용하고 그에 대한 영향을 고려해 인공지능을 제대로 사용할 수 있는 것을 의미한다.

인공지능을 활용하는 방법에는 다음과 같이 인공지능에 사용되는 데이터를 사용할 수 있고, 문제를 해결하는 데 필요한 인공지능 알고리즘을 적용하거나, 인공지능 모델을 사용할 수 있는 능력을 말하며, 최종적으로는 그러한 인공지능이 어떤 영향을 미칠지 예측할 수 있는 능력을 말한다.

- 데이터(data) 사용은 인공지능을 활용하여 문제를 해결하기 위해 일상생활 속에서 수집 가능한 정형 및 비정형 자료를 올바르게 사용하는 것을 의미한다.
- 알고리즘(algorithm) 적용은 인공지능을 활용하여 문제를 해결하기 위

해 데이터를 입력하고 처리하여 결과를 출력하는 일련의 절차를 의미한다.

- 모델링(modeling)은 문제를 해결하기 위하여 데이터와 알고리듬을 기반으로 인공지능 모델을 개발하는 것을 의미한다.
- 사회적 영향력(social impact) 이해는 인공지능이 인간과 사회에 미칠 수 있는 영향을 고려하고, 인공지능의 개발과 활용 과정에서 발생하는 윤리적 문제를 해결하려는 것을 의미한다.

나. 인공지능 리터러시의 관점

인공지능 리터러시에 대한 관점은 크게 4가지로 구분할 수 있다.

① 인공지능을 알고 이해하는 관점이다. 인공지능의 기본 기능을 익히고, 일상생활에서 인공지능 프로그램을 사용할 수 있는 능력을 기르려는 것이다.
② 인공지능을 적용하는 관점이다. 인공지능의 지식이나 개념을 다양한 분야에 적용하여 문제를 해결할 수 있는 능력을 기르려는 것이다.
③ 인공지능을 평가하고 생성하는 관점이다. 이것은 인공지능의 성능이나 영향력을 평가하고, 인공지능을 활용하여 고차원적인 사고를 할 수 있는 능력을 기르려는 것이다.
④ 인공지능 윤리를 실천하는 관점이다. 인공지능의 공정성, 책임성, 투명성, 안전성 등을 포함하여 인간 중심적으로 생각할 수 있는 능력을 기르려는 것이다.

3. 시민교육으로서의 인공지능 윤리

시민교육으로서 인공지능 윤리는 크게 개발자 관점에서의 인공지능 윤리와 사용자 관점에서의 인공지능 윤리로 구분할 수 있다.

가. 개발자 관점에서의 인공지능 윤리

과학기술정보통신부는 2020년에 바람직한 인공지능 개발·활용 방향을 제시하기 위해 인공지능 윤리 기준을 발표하면서 그림 5-2와 같이 인공지능 윤리의 3대 기본 원칙과 10대 핵심 요건을 발표하였다(과학기술정보통신부, 2020).

우선 '인간성을 위한 인공지능(AI for humanity)'을 위해 인공지능 개발

그림 5-2 인공지능의 윤리 기준 10대 핵심 요건(과학기술정보통신부, 2020)

미래 시민사회를 위한 시민교육의 시선들

에서 활용에 이르는 전 과정에서 고려되어야 할 기준으로 3대 기본 원칙을 다음과 같이 제시하였다.

- **인간 존엄성 원칙:** 인간은 신체와 이성이 있는 생명체로, 인공지능을 포함하여 인간을 위해 개발된 기계 제품과는 교환 불가능한 가치가 있으며, 인공지능은 인간의 생명은 물론 정신적 및 신체적 건강에 해가 되지 않는 범위에서 개발 및 활용되어야 함을 의미한다. 또한, 인공지능의 개발 및 활용은 안전성과 견고성을 갖추어 인간에게 해가 되지 않도록 해야 함을 의미한다.
- **사회의 공공선 원칙:** 공동체로서 사회는 가능한 한 많은 사람의 안녕과 행복이라는 가치를 추구하고, 인공지능은 지능정보사회에서 소외되기 쉬운 사회적 약자와 취약 계층의 접근성을 보장하도록 개발 및 활용되어야 함을 의미한다. 또한, 공익 증진을 위한 인공지능 개발 및 활용은 사회적, 국가적, 나아가 글로벌 관점에서 인류의 보편적 복지를 향상시킬 수 있어야 함을 의미한다.
- **기술의 합목적성 원칙:** 인공지능 기술은 인류의 삶에 필요한 도구라는 목적과 의도에 부합되게 개발 및 활용되어야 하며, 그 과정도 윤리적이어야 하고, 인류의 삶과 번영을 위한 인공지능 개발 및 활용을 장려하여 진흥해야 함을 의미한다.

3대 기본 원칙을 실천하고 이행할 수 있도록 인공지능의 전체 생명 주기에 걸쳐 충족되어야 하는 핵심 요건으로 인권 보장, 사생활 보호, 다양성 존중, 침해 금지, 공공성, 연대성, 데이터 관리, 책임성, 안전성, 투명성 등 10가지로 제시하였으며, 주요 내용은 다음과 같다.

- **인권 보장**: 인공지능의 개발과 활용은 모든 인간에게 동등하게 부여된 권리를 존중하고, 다양한 민주적 가치와 국제인권법 등에 명시된 권리를 보장하여야 한다. 인공지능의 개발과 활용은 인간의 권리와 자유를 침해해서는 안 된다.
- **사생활 보호**: 인공지능을 개발하고 활용하는 전 과정에서 개인의 프라이버시를 보호해야 한다. 인공지능 전 생애주기에 걸쳐 개인 정보의 오용을 최소화하도록 노력해야 한다.
- **다양성 존중**: 인공지능 개발 및 활용 전 단계에서 사용자의 다양성과 대표성을 반영해야 하며, 성별·연령·장애·지역·인종·종교·국가 등 개인 특성에 따른 편향과 차별을 최소화하고, 상용화된 인공지능은 모든 사람에게 공정하게 적용되어야 한다. 사회적 약자 및 취약 계층의 인공지능 기술 및 서비스에 대한 접근성을 보장하고, 인공지능이 주는 혜택은 특정 집단이 아닌 모든 사람에게 골고루 분배되도록 노력해야 한다.
- **침해 금지**: 인공지능을 인간에게 직간접적인 해를 입히는 목적으로 활용해서는 안 된다. 인공지능이 야기할 수 있는 위험과 부정적 결과에 대응 방안을 마련하도록 노력해야 한다.
- **공공성**: 인공지능은 개인적 행복 추구뿐만 아니라 사회적 공공성 증진과 인류의 공동 이익을 위해 활용해야 한다. 인공지능은 긍정적 사회 변화를 이끄는 방향으로 활용되어야 한다. 인공지능의 순기능을 극대화하고 역기능을 최소화하기 위한 교육을 다방면으로 시행하여야 한다.
- **연대성**: 다양한 집단 간의 관계 연대성을 유지하고, 미래 세대를 충분히 배려하여 인공지능을 활용해야 한다. 인공지능 전주기에 걸쳐 다양한 주체들의 공정한 참여 기회를 보장하여야 한다. 윤리적 인공지능의

미래 시민사회를 위한 시민교육의 시선들

개발 및 활용에 국제사회가 협력하도록 노력해야 한다.

- **데이터 관리**: 개인정보 등 각각의 데이터를 그 목적에 부합하도록 활용하고, 목적 외의 용도로 활용하지 않아야 한다. 데이터 수집과 활용의 전과정에서 데이터 편향성이 최소화되도록 데이터 품질과 위험을 관리해야 한다.
- **책임성**: 인공지능의 개발 및 활용 과정에서 책임 주체를 설정함으로써 발생할 수 있는 피해를 최소화하도록 노력해야 한다. 인공지능 설계 및 개발자, 서비스 제공자, 사용자 간의 책임 소재를 명확히 해야 한다.
- **안전성**: 인공지능의 개발 및 활용 전과정에 걸쳐 잠재적 위험을 방지하고 안전을 보장할 수 있도록 노력해야 한다. 인공지능 활용 과정에서 명백한 오류 또는 침해가 발생할 때 사용자가 그 작동을 제어할 수 있는 기능을 갖추도록 노력해야 한다.
- **투명성**: 사회적 신뢰 형성을 위해 타 원칙과의 상충 관계를 고려하여 인공지능 활용 상황에 적합한 수준의 투명성과 설명 가능성을 높이려는 노력을 기울여야 한다. 인공지능을 기반으로 하는 제품이나 서비스를 제공할 때 인공지능의 활용 내용과 활용 과정에서 발생할 수 있는 위험 등의 유의사항을 사전에 고지해야 한다.

인공지능 윤리 기준에 제시된 3대 기본 원칙과 10대 핵심 요건의 내용은 인공지능을 개발하고 활용하면서 시민들에게 피해를 주지 않기 위한 내용을 중심으로 하고 있다. 우리나라는 윤리 기준을 발표하면서 이 기준을 법이나 지침이 아닌 도덕적 규범이자 자율 규범이라고 하였으며, 특정 분야에 제한되지 않는 범용성을 가진 일반 원칙을 만들었다고 하였다. 즉모든 시민이 인공지능을 개발, 활용하기 위해 지켜야 하는 기본 요건이며, 이는 인공지능을 개발하고 활용함에 있어서 윤리적인 고려가 반드시 필요함을 의미한다.

나. 사용자 관점에서의 인공지능 윤리

과학기술정보통신부에서 발표한 '인공지능 윤리 기준'은 대부분 범용적이고 개발자(공급자) 중심으로 규범화되어, 교육 현장에 바로 적용하기에는 제한적일 수밖에 없다. 따라서 교육부는 2022년에 '교육 분야 인공지능 윤리 원칙'을 발표하였다. 이것은 교육 현장, 개발 현장, 정책 현장 등에서 인공지능 활용 교육, 교육용 인공지능 개발, 인공지능 관련 정책 마련을 위해 활용되는 인공지능이 윤리적으로 개발·활용될 수 있도록 자발적으로 실천하고 준수하는 자율 규범이다(교육부, 2022).

교육 분야 인공지능 윤리 원칙에서는 인공지능이 사람의 성장을 지원해야 하는 것을 최고의 가치로 설정하고, 교육 분야 인공지능이 사람의 전 생애에 걸쳐 전인적 성장 지원을 최고 가치로 삼으며, 사람의 인격을 존중하고 개성을 중시하여 사람의 능력이 효과적으로 발휘될 수 있도록 제공되어야 함을 강조하고 있다. 10가지 세부 원칙을 살펴보면 다음과 같다.

- 인간 성장의 잠재성을 이끌어 낸다. 교육 분야 인공지능은 인간 존엄성에 대한 존중을 바탕으로 인간 성장의 잠재성을 이끌어 낼 수 있도록 제공되어야 한다.
- 학습자의 주도성과 다양성을 보장한다. 교육 분야 인공지능은 학습자의 자기주도성을 신장하는 범위에서 활용되고, 학습자의 개성과 다양

성을 존중해야 한다.

- **교수자의 전문성을 존중한다.** 교육 분야 인공지능은 교수자의 전문성을 존중해야 하며, 교수자가 가진 전문성이 효과적으로 발휘될 수 있도록 개발·활용되어야 한다.

그림 5-3 교육 분야 인공지능 윤리 기준(교육부, 2022)

- 교육 당사자 간의 관계를 공고히 유지한다. 교육 분야 인공지능은 일련의 교수·학습 활동 과정에서 교육에 참여하는 사람들 간의 긍정적 관계 형성을 도울 수 있게 제공되어야 한다.
- 교육의 기회균등과 공정성을 보장한다. 교육 분야 인공지능은 모든 사회 구성원이 지역·경제적 배경 등의 조건에 상관없이 교육의 기회를 공정하게 보장받을 수 있도록 제공되어야 한다.
- 교육 공동체의 연대와 협력을 강화한다. 교육 분야 인공지능은 그 활용에 있어 민·관·학·연의 협력을 지향하고 지속가능한 교육 생태계를 구축할 수 있도록 제공되어야 한다.
- 사회 공공성 증진에 기여한다. 교육 분야 인공지능은 학습자가 민주시민으로서 필요한 자질을 갖추고 개인의 행복과 사회의 공익 추구에 긍정적인 영향을 미치도록 적용되어야 한다.
- 교육 당사자의 안전을 보장한다. 교육 분야 인공지능은 일련의 교수·학습 과정에서 나타날 수 있는 잠재적 위험을 방지하고 안전을 보장하는 방향으로 구현되어야 하며, 인공지능의 활용에 있어 책임 주체가 명확히 설정되어야 한다.
- 데이터 처리의 투명성을 보장하고 설명 가능해야 한다. 교육 분야 인공지능은 데이터의 수집·정제·선택 등의 과정이 투명해야 하고, 알고리즘과 데이터의 처리 과정이 교육 당사자가 이해할 수 있는 언어로 설명 가능해야 한다.
- 데이터를 합목적적으로 활용하고 사생활을 보호한다. 교육 분야 인공지능의 개발 및 활용을 위해 수집되는 데이터는 활용 목적에 적합한 정도로 수집되고 교육 목적에 부합하도록 활용되어야 하며, 데이터의 처리 과정에서 교육 당사자의 개인정보 등 사적 영역을 보호해야 한다.

4. 인공지능 리터러시 교육의 지원

시민교육으로서 인공지능 리터러시 교육을 지원하려면, 초·중등학교부터 활성화시키고, 학생과 교사의 인공지능 리터러시 교육을 확대해야한다.

가. 인공지능 리터러시 교육과정 개발

초중등학교 교육을 통해 인공지능 리터러시 교육을 시작하는 것이 인공지능 시대에 살아갈 미래 세대에게 가장 적합한 방법이다. 따라서 초·중등학교 교육과정에 포함시킬 수 있도록 '인공지능 리터러시 교육과정'을 개발하고, 교사와 학생, 학부모를 위한 인공지능 리터러시 교육 프로그램을 개발해야 한다. 특히, 경제적·사회적 취약계층 학생 및 장애 학생 등의 인공지능 리터러시 교육에 대한 접근성과 교육 기회를 보장해야한다.

교육부는 2022 개정교육과정에서 모든 교과 교육을 통한 SW·AI 교육을 포함한 디지털 기초 소양 교육을 강화하고, 초·중·고 정보 교육 시수 확대를 통해 인공지능 리터러시 교육을 내실화하겠다고 발표하였다. 인공지능 리터러시 교육내용은 관계 부처와 민간이 협력하여 학교급에 따른 교육내용을 개발하고, 실제 한국과학창의재단과 정보통신정책연구원(KISDI) 등 관계 기관에서 개발한 자료를 교육 현장에 적극적으로 활용할 수 있도록 지원해야 한다.

나. 교원의 인공지능 리터러시 역량 강화

인공지능 리터러시 교육에 필요한 교원의 역량을 높이기 위해 다양한 연수 기회를 제공해야 한다. 이를 위해 교육부는 예비 교원과 현장 교원의 인공지능·디지털 역량 강화를 위한 통합 추진 체계(AIEDAP; AI Education Alliance & Policy Lab)를 추진하고 있으며, 이를 통해 인공지능을 이해하고, 활용하고, 개발할 수 있는 교수 역량을 계발하고, 인공지능 윤리 교육 체계를 정립하고 있다. 아울러 인공지능의 교육적 활용과 인공지능 활용 수업 등과 관련된 원격 연수 콘텐츠를 개발하여 현장 교원이 언제 어디서든지 연수를 받을 수 있도록 추진하고 있다.

또한 교육 분야에서 인공지능을 활용할 때 발생할 수 있는 다양한 이슈를 사전에 발굴하고, 이에 대응하기 위한 다양한 학술·연구를 지원해야 한다. 이를 위해 교육 분야에 인공지능이 윤리적이고 안전하게 활용될 수 있도록 관련 연구를 추진 및 지원하고, 증거 기반 교육행정을 지원해야 한다. 이를 위해 교육 빅데이터의 수집·관리 등을 총괄할 수 있는 데이터 센터를 설립 및 지정해야 한다.

다. 인공지능 리터러시의 교육을 위한 협력 체계 구축

교육 분야에서의 인공지능 리터러시 교육을 추진하려면 정부·기관·학교 등과의 협력 체계를 구축하고, 현장의 문제해결을 위한 도구 개발과 서비스 운영을 지원해야 한다. 이를 위해 인공지능 관련 부처와 교육 전문가 등이 함께 참여하는 포럼과 소통 채널을 활성화시키고, 교육 분야 인공지능 개발 및 활용 주체별 현장 가이드라인을 연구하여 배포해야 한다.

또한, 수업에서 활용되는 인공지능 안전성 및 윤리 체크리스트, 인공지능 교육이 학생들에게 미치는 영향을 조사하고 예측하고 평가하는 제도 등을 마련해야 한다. 예를 들면 과기정통부·KISDI에서 개발한 「인공지능 윤리 기준 실천을 위한 자율 점검표」 등과 연계하여 교육계에서 활용 가능한 점검표를 만들어 활용할 수 있다. 아울러 교육 분야에서 활용 가능한 인공지능을 개발하기 위해 데이터 표준을 확립하고, 개인정보 보호 협력 등의 방안을 마련하여 교육계 수요에 맞는 인공지능 기술 개발이 지원되어야 한다.

참고문헌

고인석, 2016, 인공지능 시대에 살아남는 법, **황해문화**, 93, 251-263.

과학기술정보통신부, 2020, 사람이 중심이 되는 「인공지능(AI) 윤리기준」마련, (2020. 12. 23., 보도자료).

교육부, 2022, **사람의 성장을 지원하는 교육 분야 인공지능 윤리 원칙.**

천현득, 2017, 인공 지능에서 인공 감정으로, 감정을 가진 기계는 실현 가능한가?, **철학**, 131(5월), 217-243.

홍지연, 2020, 초등학생의 데이터 리터러시 함양을 위한 AI 데이터 과학교육 프로그램 개발, **정보교육학회논문지**, 24(6), 633-641.

McCarthy, J., 2007, From here to human-level AI, *Artificial intelligence*, 171(18), 1174-1182.

TechTarget, 2023, What is the turing test? Retrieved 2023.1.28. from https://www.techtarget.com/searchenterpriseai/definition/Turing-test.

6장

생태시민성을 위한
숲 문해력 교육과정 구성

이경한

전주교육대학교 사회교육과 교수

1. 서론

현대사회의 고도 산업화는 대량생산으로 인한 환경 파괴, 물질의 과소비로 인한 탄소배출 폭증 등의 문제를 낳고 있다. 과도한 노동, 경쟁, 스트레스 등으로 지치기 쉬운 우리의 삶은 휴식과 안정을 필요로 한다. 숲은 지치기 쉬운 우리의 일상에 쉼을 줄 수 있다. 더욱이 숲은 탄소 저장을 통하여 공기를 정화시켜 주고, 생명의 보고 역할을 수행하여 생물 다양성을 보호하는 데에도 큰 기여를 하고 있다.

이처럼 숲은 삶의 여유를 줄 뿐만 아니라 다양한 생물의 터전을 제공해준다. 역설적이게도 숲은 환경이 파괴됨으로써 그 존재의 가치가 높아지고 있다. 그래서 숲의 복원과 보전은 곧 환경의 복원과 인간들의 삶의 질을 높이는 중요한 기제이다. 그래서 숲이 가지는 중요성, 기능 등을 이해하는 것은 숲의 안정적 보전을 위해 매우 필요한 조치라고 볼 수 있다. 숲이 가지는 중요성, 기능 등의 이해는 숲 교육으로 이루어질 수 있다.

숲 교육은 기본적으로 숲 문해력을 증진하는 데 있다고 해도 과언이 아니다. 숲 문해력의 궁극적인 목적은 학생들이 숲의 중요성을 이해하고, 숲과 관련된 개념을 이해하고, 의미로운 방법으로 숲에 관하여 의사소통을 할 수 있고, 숲과 숲 자원에 관한 정보화되고 책임 있는 의사결정을 할 수 있도록 돕는 데(Oregon Forest Resources Institute, 2011, 5) 있다. 숲 교육은 학생들이 숲 문해력을 토대로 환경 감수성을 가지도록 체계적으로 실시할 필요가 있다.

숲 문해력에 대한 연구는 거의 이루어지지 않고 있다. 이것은 숲에 대한 체계적인 교육을 실시할 준비가 부족하다는 의미일 것이다. 그래서 본장에서는 숲 문해력을 증진시키고자 하는 방안을 살펴보고자 한다.

여기에서는 숲 문해력의 정의를 살펴보고, 숲 문해력을 증진하기 위한 교육과정 틀을 구안하여 제시하고자 한다. 그리고 숲 문해력을 위한 개념, 숲 문해력을 위한 교육과정 구성과 숲 문해력 주제의 학년별 내용 구성을 중심으로 살펴볼 것이다.

2. 숲 문해력의 개념 제시

숲 문해력(forest literacy)은 숲 교육을 위한 교육과정에서 출발점이라고 볼 수 있다. 즉, 숲 문해력을 위한 교육과정을 구성하는 데 있어서 중요한 것은 숲 문해력에 대한 이해이다. 여기서는 미국의 세 기관, 즉 지속가능한 숲 계획(Sustainable Forest Initiatives; 이하 SFI), 위스콘신 환경교육센터와 위스콘신 천연자원과(Wisconsin Center for Environmental Education and Wisconsin Department of Natural Resources: 이하 WCEE & WDNR), 오리건 산림자원연구소(Oregon Forest Resources Institute: 이하 OFRI)가 제시한 숲 문해력의 개념을 살펴보고자 한다. 이 기관들은 공히 숲 문해력의 개념으로 4가지 주제를 제시하고 있다. 그것은 '숲이란 무엇인가? 숲은 왜 중요한가? 숲을 어떻게 지속가능하게 유지할 것인가? 그리고 숲을 보호 관리하는 데 있어서 우리의 책임과 의무는 무엇인가?'이다. 이 4가지 주제들은 숲 문해력에 대한 정의와 내용을 가늠하게 해 준다.

여기서 숲 문해력의 4가지 주제를 구체적으로 살펴보고자 한다. 먼저, 숲이란 무엇인가를 살펴볼 수 있다. SFI는 숲이란 무엇인가의 주제에서 숲의 정의, 숲의 일부로서 나무, 생태계로서 숲, 그리고 숲의 분류를 다룬다. WCEE & WDNR는 숲의 정의, 숲의 분류, 숲의 일부로서 나무, 그리고 생태계로서 숲을 제시하고 있다. 그리고 OFRI도 숲의 정의, 숲의 일부로서 나무, 생태계로서 숲, 그리고 숲의 분류를 다루고 있다. 숲에 대한 이해를 돕기 위한 '숲이란 무엇인가?'에서는 세 기관이 모두 숲의 정의, 숲의 일부로서 나무, 생태계로서 숲, 숲의 분류를 다루고 있다. 여기서 볼 때 '숲이란 무엇인가?'에서는 숲을 미시적 관점과 거시적 관점으로 동시

표 6-1 숲 문해력의 주제

기관	주제 1	주제 2	주제 3	주제 4
SFI	숲이란 무엇인가?	숲은 왜 중요한가?	우리의 숲을 어떻게 지속시킬 것인가?	숲에 대한 우리의 책무성은 무엇인가?
WCEE & WDNR	숲이란 무엇인가?	숲은 왜 중요한가?	어떻게 숲을 지속시킬 것인가?	숲의 미래는 무엇인가?
OFRI	숲이란 무엇인가?	숲은 왜 중요한가?	어떻게 우리의 숲을 지속시킬 것인가?	오리건주의 숲에 대한 우리의 책무성은 무엇인가?

에 볼 수 있는 안목을 가지도록 한다. 그리고 숲은 나무들의 집합체이지만, 숲을 구성하는 나무에 대한 이해를 토대로 숲을 전체 체계인 생태계를 구성하는 중요한 인자로서 다루고 있다.

다음으로 '숲은 왜 중요한가?'이다. SFI는 숲의 중요성을 환경적 중요성, 사회적 중요성과 경제적 중요성을, WCEE & WDNR는 역사적 중요성, 환경적 중요성, 사회적 중요성과 경제적 중요성을, 그리고 OFRI는 역사적 중요성, 현재적 중요성, 미래의 중요성을 중심으로 숲의 중요성을 제시하고 있다. 세 기관은 공통적으로 숲의 중요성을 역사적, 환경적, 사회적, 경제적 중요성을 중심으로 다루고 있다. 숲의 역사에서는 인류에게 영향을 주는 숲의 기능과 역할의 변화를 다루고 있다. 또한 숲이 인간에게 사회적, 경제적 기능을 제공하고 있음을 강조한다. OFRI는 이 점을 현재적 중요성으로 제시한다. 또한 숲의 환경적 중요성을 강조하면서 숲의 파괴는 곧 생태계의 파괴를 가져오고, 더 나아가 인류의 생존을 위협할 수 있음을 말하고 있다. OFRI는 이를 미래적 중요성으로 제시하고 있다.

다음으로 '숲을 어떻게 지속가능하게 유지할 것인가?'이다. 먼저 SFI는 이를 위한 하위 영역으로 숲의 소유권, 숲의 관리, 숲의 관리 정책, 숲 관리의 시각, 숲 관리의 인증제를, WCEE & WDNR는 숲의 소유권, 숲의 관리, 숲 관리의 의사결정, 숲 관리의 시각을, 그리고 OFRI는 숲의 소유자, 숲 관리의 정의, 숲을 관리할 이유, 숲의 관리자, 숲 관리의 의사결정, 숲 관리의 쟁점을 다루고 있다. 여기서는 SFI와 WCEE & WDNR의 내용이 매우 유사하고, OFRI가 다소 다르게 하위 영역을 제시하고 있다. 여기서는 숲의 소유권자를 이해하고, 숲이 관리의 대상임을 알게 하고, 숲의 관리자의 의사결정을 다루고 있다. 한편 SFI는 숲의 인증제를, WCEE & WDNR는 숲을 관리할 이유, 그리고 OFRI는 숲 관리의 쟁점을 각각 특이하게 다루고 있다.

마지막으로 '숲에 대한 우리의 책무성은 무엇인가?'이다. SFI는 숲과 우리의 연계, 숲의 미래를 위해서 할 일, WCEE & WDNR는 숲에 대한 연구, 숲과 우리의 연계, 숲의 미래를, 그리고 OFRI는 숲과 우리의 연계, 숲의 미래를 위해서 할 일을 다루고 있다. 여기서는 숲이 우리의 삶과 직접적인 관련이 있음과 숲을 보호하기 위해 우리가 할 일을 중심으로 제시하고 있다.

이상과 같이 살펴본 결과, 숲 문해력의 개념은 다음의 4가지 주제로 종합할 수 있다.

> 1. 숲이란 무엇인가?
> 2. 숲은 왜 중요한가?
> 3. 우리의 숲을 어떻게 지속시킬 것인가?
> 4. 숲에 대한 우리의 책무성은 무엇인가?

가. 숲이란 무엇인가?

'숲이란 무엇인가?'의 하위 주제는 숲의 정의, 숲의 일부로서 나무, 생태계로서 숲으로 제안할 수 있다. 여기서는 숲 자체에 대한 정의를 토대로 한 후, 숲의 구성체인 나무를 중심으로 숲을 보는 관점과 숲을 생태계라는 전체로서 보는 관점을 다루고 있다. 여기서 숲의 분류는 생태계로서의 숲에서 어느 정도 다룰 수 있어서 하위 주제로는 다루지 않기로 하였다. 숲의 분류는 생태계와 생물권을 중심으로 이루어지고 있다.

표 6-2 '숲이란 무엇인가?'의 하위 주제

기관	하위 주제	종합
SFI	숲의 정의, 숲의 일부로서 나무, 생태계로서 숲, 숲의 분류	– 숲의 정의 – 숲의 일부로서 나무 – 생태계로서 숲
WCEE & WDNR	숲의 정의, 숲의 분류, 숲의 일부로서 나무, 생태계로서 숲	
OFRI	숲의 정의, 숲의 일부로서 나무, 생태계로서 숲, 숲의 분류	

나. 숲은 왜 중요한가?

여기서는 '숲은 왜 중요한가?'의 하위 주제를 환경적 중요성, 사회적 중요성, 경제적 중요성으로 종합할 수 있다. 역사적 중요성은 인류 역사와 함께해 온 숲이 수행하는 기능, 인류에 도움을 주는 숲이라는 내용을 중심으로 다루고 있는데, 이것은 숲의 사회적 중요성에서 다룰 수 있을 것으로 판단된다. 그리고 미래의 중요성은 숲의 환경적 중요성 측면에서 다룰 수 있을 것으로 판단된다. 또한 현재적 중요성은 환경, 사회, 경제 등의 모든 영역을 포함하고 있어서 따로 하위 주제로 구별하지 않아도 될 것으로 보인다. 따라서 숲의 중요성을 환경적, 사회적, 그리고 경제적 중요성을 중심으로 살펴볼 수 있다.

표 6-3 '숲은 왜 중요한가?'의 하위 주제

기관	하위 주제	종합
SFI	환경적 중요성, 사회적 중요성과 경제적 중요성	– 환경적 중요성 – 사회적 중요성 – 경제적 중요성
WCEE & WDNR	역사적 중요성, 환경적 중요성, 사회적 중요성과 경제적 중요성	
OFRI	역사적 중요성, 현재적 중요성, 미래의 중요성	

다. 우리의 숲을 어떻게 지속시킬 것인가?

여기서는 '우리의 숲을 어떻게 지속시킬 것인가?'의 하위 주제를 숲의 관리, 숲의 관리 정책, 숲 관리의 쟁점으로 종합할 수 있다. 본 주제에서는 국·공유림이든 사유림이든 숲의 소유권과 상관없이 숲을 다루고 있기에 숲의 소유권을 별도의 하위 주제로 설정할 필요는 없다고 본다. 숲의 소유권과 숲을 관리해야 하는 이유는 숲의 관리에서 부분적으로 다룰 수 있을 것으로 판단된다. 숲의 관리 정책에서는 숲 관리를 위한 의사결정과 숲 관리의 인증제를 포함할 수 있다. 그리고 숲 관리의 쟁점은 숲을 바라보는 관점의 차이에서 발생하기에 숲 관리의 시각을 담아낼 수 있다.

표 6-4 '우리의 숲을 어떻게 지속시킬 것인가?'의 하위 주제

기관	하위 주제	종합
SFI	숲의 소유권, 숲의 관리, 숲의 관리 정책, 숲 관리의 시각, 숲 관리의 인증제	– 숲의 관리 – 숲의 관리 정책 – 숲 관리의 쟁점
WCEE & WDNR	숲의 소유권, 숲의 관리, 숲 관리의 의사결정, 숲 관리의 시각	
OFRI	숲의 소유자, 숲 관리의 정의, 숲을 관리할 이유, 숲의 관리자, 숲 관리의 의사결정, 숲 관리의 쟁점	

라. 숲에 대한 우리의 책무성은 무엇인가?

'숲에 대한 우리의 책무성은 무엇인가?'의 하위 주제로는 숲과 우리의 연계, 숲의 미래를 위해 할 일이 있다. 여기서는 숲과 우리의 삶이 무관하지 않아서, 숲을 위하여 우리가 할 수 있는 일이 무엇인지를 생각하도록 하는 데 목적이 있다. 숲의 연구는 학생들에게 미래의 진로 등과 연계해

표 6-5 '숲에 대한 우리의 책무성은 무엇인가?'의 하위 주제

기관	하위 주제	종합
SFI	숲과 우리의 연계, 숲의 미래를 위해 할 일	– 숲과 우리의 연계 – 숲의 미래를 위해 할 일
WCEE & WDNR	숲에 대한 연구, 숲과 우리의 연계, 숲의 미래	
OFRI	숲과 우리의 연계, 숲의 미래를 위해 할 일	

서 다룰 수 있을 것으로 보아 여기서는 생략하였다.

지금까지 살펴본 결과를 토대로 숲 문해력의 4대 주제를 중심으로 각각의 하위 주제를 제시하면 표 6-6과 같다. 4대 주제와 해당 하위 주제를 구체적으로 살펴보면, 먼저 '숲이란 무엇인가?'의 하위 주제는 1.1 숲의 정의, 1.2 숲의 일부로서 나무, 1.3 생태계로서 숲으로 구성하였다. '숲은 왜 중요한가?'의 하위 주제는 2.1 환경적 중요성, 2.2 사회적 중요성, 2.3 경제적 중요성으로, '우리의 숲을 어떻게 지속시킬 것인가?'의 하위주제는 3.1 숲의 관리, 3.2 숲의 관리 정책, 3.3 숲 관리의 쟁점으로, 그리고 '숲

표 6-6 숲 문해력의 주제와 하위 주제

주제	하위 주제
1. 숲이란 무엇인가?	1.1 숲의 정의 1.2 숲의 일부로서 나무 1.3 생태계로서 숲
2. 숲은 왜 중요한가?	2.1 환경적 중요성 2.2 사회적 중요성 2.3 경제적 중요성
3. 우리의 숲을 어떻게 지속시킬 것인가?	3.1 숲의 관리 3.2 숲의 관리 정책 3.3 숲 관리의 쟁점
4. 숲에 대한 우리의 책무성은 무엇인가?	4.1 숲과 우리의 연계 4.2 숲의 미래를 위해 할 일

에 대한 우리의 책무성은 무엇인가?'의 하위 주제는 4.1 숲과 우리의 연계, 4.2 숲의 미래를 위해 할 일로 구성하였다.

3. 숲 문해력을 위한 교육과정의 구성안

여기에서는 숲 문해력을 증진하기 위한 교육과정의 구성을 제시하고자 한다. 초등학교 1학년에서 6학년까지의 숲 문해력 교육과정과 숲 문해력의 교육과정을 범위와 계열을 중심으로 구성하여 제안하고자 한다.

숲 문해력의 교육과정은 1. 숲이란 무엇인가? 2. 숲은 왜 중요한가? 3. 우리의 숲을 어떻게 지속시킬 것인가? 4. 숲에 대한 우리의 책무성은 무

표 6-7 숲 문해력 교육과정의 구성 틀

주제	하위 주제	초등학교(학년)					
		1	2	3	4	5	6
1. 숲이란 무엇인가?	1.1 숲의 정의	○	○	○	○	○	○
	1.2 숲의 일부로서 나무		○	○	○		
	1.3 생태계로서 숲			○	○	○	○
2. 숲은 왜 중요한가?	2.1 환경적 중요성		○	○	○	○	
	2.2 사회적 중요성			○	○	○	○
	2.3 경제적 중요성					○	○
3. 우리의 숲을 어떻게 지속시킬 것인가?	3.1 숲의 관리				○	○	
	3.2 숲의 관리 정책					○	○
	3.3 숲 관리의 쟁점						○
4. 숲에 대한 우리의 책무성은 무엇인가?	4.1 숲과 우리의 연계				○	○	○
	4.2 숲의 미래를 위해 할 일					○	○

엇인가? 순으로 내용을 구성하고 있다. 이 네 주제는 기본적으로 '숲이란 무엇인가?', '숲은 왜 중요한가?'는 숲에 대한 기초적인 이해를 바탕으로, '우리의 숲을 어떻게 지속시킬 것인가?', '숲에 대한 우리의 책무성은 무엇인가?'는 숲의 보호와 책임감이라는 실천 방안으로 이어지고 있다. 즉 주제 1에서 주제 4로 가면서 숲 문해력에 대한 내용이 심화되고 있다.

그리고 학년이 높아지면서 숲 문해력의 범위가 확장되도록 교육과정을 구성할 수 있다. 초등학교 저학년에서 고학년으로 갈수록 숲 문해력의 학습 종류, 학습 내용, 학습 기회 등이 많아지고 있다. 초등학교 저학년은 '숲이란 무엇인가?'에서 숲의 정의, 숲의 일부로서 나무를, 그리고 '숲은 왜 중요한가?'에서는 환경적 중요성을 다루고 있다. 여기서 숲의 정의는 숲에 대한 학문적 정의보다는 숲과의 관계를 중심으로 은유적 정의를 중심으로 접근하고 있다. 따라서 숲이 학생 자신들의 일상생활에서 밀접한 존재임을 인식하도록 한다.

다음으로 중학년은 '숲이란 무엇인가?'에서 숲의 정의, 숲의 일부로서 나무와 생태계로서 숲을, '숲은 왜 중요한가?'에서 환경적 중요성과 사회적 중요성을, '우리의 숲을 어떻게 지속시킬 것인가?'에서 숲의 관리를, 그리고 '숲에 대한 우리의 책무성은 무엇인가?'에서 숲과 우리의 연계를 다루고 있다. 중학년은 저학년에 비해서 모든 주제에 대한 학습이 이루어지도록 구성하였다.

마지막으로 고학년은 '숲이란 무엇인가?'에서 숲의 일부로서 나무를 제외한 모든 주제와 하위 주제에서 숲 문해력을 학습할 수 있도록 교육과정을 구성하였다.

4. 숲 문해력 주제의 학년별 내용 구성

여기서는 숲 문해력 주제의 구체적인 내용을 학년에 따라서 교육과정을 구성하고자 한다.

먼저 '숲이란 무엇인가?' 주제에서는 저학년에서 숲의 정의를, 중학년에서 숲의 일부로서 나무를, 그리고 고학년에서 생태계로서 숲으로 확대하고 있다. 숲의 정의는 1~3학년에서 주관적 정의를, 그리고 4~6학년에서 학문적 정의로 나아가고 있다. 즉, 1~3학년에서 '나무와 숲은 나의 친구이다. 숲은 우리의 이웃이다. 숲은 고장의 자연이다.'라는 식으로 나무의 주관적이고 정서적인 정의를 제시하고, 4~6학년에서 '숲은 나무로 피복되고 다양한 유기체를 담고 있는 생태계이다. 숲은 그 조성과 구조면에서 서로 다르다. 숲은 생물과 무생물의 영향을 받는다. 숲은 재생자원이다. 숲은 일정한 간격으로 사용되고 재생될 수 있다.'라는 학문적인 정의를 제시한다. 숲의 일부로서 나무는 저학년과 중학년에 걸쳐 2~4학년에서 다루도록 구성하고 있다. 즉, '나무는 식물이다. 나무는 성장 단계를 가지고 있다. 나무는 다양한 역할을 가지고 있다.'가 그것이다. 그리고 '생태계로서 숲'은 중, 고학년에서 다루어지고 있으며, 다룰 내용도 증가하였다. 그 내용으로는 중학년에서 '숲 생태계는 다양한 유기체로 구성되어 있다. 인간은 숲 생태계에, 숲은 인간에 영향을 미친다. 숲 생태계는 광합성, 에너지 흐름, 물, 탄소 등의 순환과 같은 과정을 지닌다. 숲 생태계는 점진적인 변화를 한다.'를, 그리고 고학년에서 '자연과 인간이 유발한 숲의 교란은 숲 생태계의 한 부분이다. 숲은 다른 육상 생태계와 수상 생태계와 연계되어 있다. 숲은 지역의 생물 다양성에 기여한다.'를 다룬다.

둘째, '숲은 왜 중요한가?' 주제는 저학년에서 '사회적 중요성'을 중심으로 다루고 있다. 그리고 2학년에서 '환경적 중요성'을 다루도록 구성하였다. 중학년에서는 환경적 중요성과 사회적 중요성을, 그리고 고학년에서는 경제적 중요성으로 교육과정을 확대해서 구성하고 있다. 이는 학생들이 저학년에서 학생과 친밀한 학용품인 연필, 스케치북, 공책 등이 숲의 나무를 재료로 만든 제품들임을 알도록 한다. 중학년에서는 사회적 중요성을 확대하고, 환경적 중요성을 강조하기 시작한다. 그리고 고학년에서

표 6-8 '숲이란 무엇인가?'의 범위와 계열

주제		1. 숲이란 무엇인가?		
하위 주제		1.1 숲의 정의	1.2 숲의 일부로서 나무	1.3 생태계로서 숲
초등 학교 (학년)	1	나무와 숲은 나의 친구이다.		
	2	숲은 우리의 이웃이다.	나무는 식물이다.	
	3	숲은 고장의 자연이다.	나무는 성장 단계를 가지고 있다.	숲 생태계는 다양한 유기체로 구성되어 있다. 인간은 숲 생태계에, 숲은 인간에 영향을 미친다.
	4	숲은 나무로 피복되고 다양한 유기체를 담고 있는 생태계이다.	나무는 다양한 역할을 가지고 있다.	숲 생태계는 광합성, 에너지 흐름, 물, 탄소 등의 순환과 같은 과정을 지닌다. 숲 생태계는 점진적인 변화를 한다.
	5	숲은 그 조성과 구조면에서 서로 다르다. 숲은 생물과 무생물의 영향을 받는다.		자연과 인간이 유발한 숲의 교란은 숲 생태계의 한 부분이다.
	6	숲은 재생자원이다. 숲은 일정한 간격으로 사용되고 재생될 수 있다.		숲은 다른 육상 생태계와 수상 생태계와 연계되어 있다. 숲은 지역의 생물 다양성에 기여한다.

는 숲의 환경적 중요성을 도시 열섬 현상 해결, 탄소 저장 기능을 통한 지구 환경보호로 심화 확대한다. 그리고 숲의 보호가 일자리 창출, 녹색경제에도 도움을 주는 것을 이해하는 경제적 중요성으로 확대한다.

하위 주제별로 숲 문해력의 내용을 구체적으로 제시하면, 환경적 중요성은 저학년에서 '숲은 물고기와 야생동물의 서식지를 제공한다.'를, 중학년에서 '숲은 공기, 물과 토양의 질에 영향을 준다. 숲은 물을 정화시켜 주고 물의 순환에 중요한 기능을 한다. 숲은 자연재해를 예방하여 준다.'를, 그리고 고학년에서 '숲은 도시의 열섬 현상을 감소시켜 기온을 조절

표 6-9 '숲은 왜 중요한가?'의 범위와 계열

주제		2. 숲은 왜 중요한가?		
하위 주제		2.1 환경적 중요성	2.2 사회적 중요성	2.3 경제적 중요성
초등 학교 (학년)	1		숲은 우리가 매일 사용하는 물건의 재료이다.	
	2	숲은 물고기와 야생동물의 서식지를 제공한다.	숲은 사람들이 살아가는 데 중요한 기여를 한다.	
	3	숲은 공기, 물과 토양의 질에 영향을 준다.	숲은 건강하고 활기찬 생활양식을 증진한다.	
	4	숲은 물을 정화시켜 주고 물의 순환에 중요한 기능을 한다. 숲은 자연재해를 예방하여 준다.	숲은 사람들의 안정감과 복지를 증진하고 건강에 도움을 준다.	
	5	숲은 도시의 열섬 현상을 감소시켜 기온을 조절해 준다.		숲은 다양한 일자리 등을 포함한 경제적 이익을 제공한다.
	6	숲은 탄소를 저장하여 지구 환경을 보호하는 데 기여한다.		숲은 녹색경제의 성장에 매우 중요하다.

해준다. 숲은 탄소를 저장하여 지구의 환경을 보호하는 데 기여한다.'로 교육과정을 구성한다.

사회적 중요성은 저학년에서 '숲은 우리가 매일 사용하는 물건의 재료이다. 숲은 사람들이 살아가는 데 중요한 기여를 한다.'를, 중학년에서 '숲은 건강하고 활기찬 생활양식을 증진한다. 숲은 사람들의 안정감과 복지를 증진하고 건강에 도움을 준다.'를 제시하고 있다. 저학년에서 중학년으로 사회적 중요성은 확대 심화되고 있도록 구성하고 있다. 그리고 경제적 중요성은 고학년에서 다루고 있는데, 그 내용은 '숲은 다양한 일자리 등을 포함한 경제적 이익을 제공한다. 숲은 녹색경제의 성장에 매우 중요

표 6-10 '우리의 숲을 어떻게 지속시킬 것인가?'의 범위와 계열

주제		3. 우리의 숲을 어떻게 지속시킬 것인가?		
하위 주제		3.1 숲의 관리	3.2 숲의 관리 정책	3.3 숲 관리의 쟁점
초등학교 (학년)	1			
	2			
	3			
	4	숲은 오랜 기간에 걸쳐서 변화를 가져오는 과정이다.		
	5	숲의 관리는 개인, 기업, 정부 등 다양한 주체들이 수행한다.	정부는 숲 자원의 보호, 관리 및 지속가능성에서 중요한 역할을 한다.	
	6	지속적인 숲의 관리는 생태학적 그리고 사회적 결과를 성취하고자 하는 의사결정을 동반한다.	숲의 관리 정책은 지속가능한 발전의 가치를 실현하도록 한다.	사람들은 정책, 과학, 경제, 가치, 경험의 영향으로 숲 관리에 관한 다양한 관점을 가진다. 숲 관리는 다양한 시각과 숲 생태계의 복잡한 성격으로 쟁점을 유발한다.

하다.'이다.

'숲은 왜 중요한가?' 주제는 사회적 중요성에서 환경적 중요성으로, 다시 경제적 중요성으로 심화 확대되도록 구성하였다.

셋째, '우리의 숲을 어떻게 지속시킬 것인가?'의 내용 구성을 제시하고자 한다. 이 주제는 저학년에서 다루지 않고, 중, 고학년에서 다루어지도록 내용을 구성한다. 4학년에서 '숲의 관리' 하위 주제로 시작하여 고학년으로 확대되도록 구성한다. '숲의 관리 정책'은 고학년인 5학년에서부터 다루도록 구성한다. 그리고 '숲 관리의 쟁점'은 6학년에서 다루도록 구성한다.

이 하위 주제의 내용을 구체적으로 살펴보면, '숲의 관리'는 중학년인 4학년에서 '숲은 오랜 기간에 걸쳐서 변화를 가져오는 과정이다.'를 제시하고 있다. 그리고 고학년에서는 '숲의 관리는 개인, 기업, 정부 등 다양한 주체들이 수행한다. 지속적인 숲의 관리는 생태학적 그리고 사회적 결과를 성취하고자 하는 의사결정을 동반한다.'를 다루도록 구성하였다. 숲의 관리는 오랜 기간 동안 다양한 주체들의 노력으로 이루어져야 하고, 이는 지속가능한 숲으로서 생태학적, 사회적 결과를 성취하도록 의사결정해야 함을 제시하고 있다.

다음으로 '숲의 관리 정책'에서는 고학년에서 '정부는 숲 자원의 보호, 관리 및 지속가능성에서 중요한 역할을 한다. 숲의 관리 정책은 지속가능한 발전의 가치를 실현하도록 한다.'로 구성하고 있다.

마지막으로 '숲 관리의 쟁점'은 6학년에서 '사람들은 정책, 과학, 경제, 가치, 경험의 영향으로 숲 관리에 관한 다양한 관점을 가진다. 숲 관리는 다양한 시각과 숲 생태계의 복잡한 성격으로 쟁점을 유발한다.'로 구성하고 있다. 숲을 둘러싼 다양한 입장으로 인한 쟁점이나 갈등을 조정할 수

표 6-11 '숲에 대한 우리의 책무성은 무엇인가?'의 범위와 계열

주제		4. 숲에 대한 우리의 책무성은 무엇인가?	
하위 주제		4.1 숲과 우리의 연계	4.2 숲의 미래를 위해 할 일
초등 학교 (학년)	1		
	2		
	3		
	4	우리 모두는 나무와 숲과 연계되어 살아가는 존재이다.	
	5	우리 모두는 인간의 삶을 지속할 수 있도록 환경을 보호하는 책임을 가진다.	사람의 행동은 숲의 건강과 회복력에 영향을 미친다.
	6	시민으로서 지속가능한 숲의 이용을 위한 다양한 실천을 한다.	숲 자원의 이용에 관한 선택은 미래의 숲 생태계를 보호하고 지속하는 데 영향을 준다.

있는 역할까지 요청하고 있다.

넷째, '숲에 대한 우리의 책무성은 무엇인가?'의 하위 주제를 살펴보면, 먼저 '숲과 우리의 연계'를 들 수 있다. 이는 중학년인 4학년에서 '우리 모두는 나무와 숲과 연계되어 살아가는 존재이다.'로 구성하고 있다. 고학년에 구성한 내용은 '우리 모두는 인간의 삶을 지속할 수 있도록 환경을 보호하는 책임을 가진다. 시민으로서 지속가능한 숲의 이용을 위한 다양한 실천을 한다.'이다. 그리고 '숲의 미래를 위해 할 일'은 고학년에서 제시되고 있는데, 그 내용은 '사람의 행동은 숲의 건강과 회복력에 영향을 미친다. 숲 자원의 이용에 관한 선택은 미래의 숲 생태계를 보호하고 지속하는데 영향을 준다.'이다. 숲과 우리 생활의 연계, 숲을 위해 우리가 할 일은 4학년에서 시작하여 고학년으로 확대하고 있다.

5. 결론

본 장에서는 숲 문해력을 증진하기 위한 초등학교 교육과정의 구성을 제안하였다. 여기서는 숲 문해력의 핵심 교수요목으로 숲이란 무엇인가, 숲은 왜 중요한가, 우리의 숲을 어떻게 지속시킬 것인가, 숲에 대한 우리의 책무성은 무엇인가로 설정하였다. 이 교수요목은 먼저 숲에 대한 이해를 기초로 하여 숲의 중요성, 숲의 지속가능성과 숲에 대한 책무성으로 심화시켜 나갔다. 초등학교 저학년에서는 숲에 대한 이해를, 중학년에서는 숲의 중요성과 지속가능성, 그리고 고학년에서는 숲의 가능성과 숲의 보호를 위한 책무성을 다루도록 구성하였다.

숲은 오늘날을 넘어 미래에도 중요한 자원임에 틀림없다. 학생들은 숲 문해력을 통하여 미래의 환경문제, 더 나아가 지구의 지속가능발전목표를 실현해 나갈 수 있는 역량을 기를 수 있을 것이다. 숲 문해력은 환경감수성, 생태시민성 등을 신장시키는 데 초석이 될 것이다.

참고문헌

이경한, 2022, 숲 문해력을 위한 교육과정 구성, **初等教育研究**, 33(2), 전주교육대학교 초등교육연구원, 139-153.

이경한·김병연·조철기·최영은·김다원·이상훈, 2022, **생태전환시대 생태시민성 교육**, 서울: 푸른길.

이경한·이상훈, 2022, 생태감수성과 숲 문해력: 마을 숲을 중심으로, 이경한·김병연·조철기·최영은·김다원·이상훈, 2022, **생태전환시대 생태시민성 교육**, 서울: 푸른길, 193-233.

Oregon Forest Resources Institute, 2011, *The Oregon forest literacy program*, Oregon Forest Resources Institute.

Oregon Forest Resources Institute, 2016, *Oregon forest literacy plan*, Oregon Forest Resources Institute.

Sustainable Forestry Initiative, 2021, *Forest literacy framework*, Sustainable Forestry Initiative.

Wisconsin Center for Environmental Education and Wisconsin Department of Natural Resources, 2005, *Learning, experiences, & activities in forestry*, Wisconsin Center for Environmental Education and Wisconsin Department of Natural Resources.

7장

영어 수업을 통한 다문화 교육 방법

김경민

전주교육대학교 영어교육과 교수

1. 서론

　교육대학교는 초등교사 양성기관으로서, 학생들이 교사로서의 전문성 및 교육적 자질과 윤리를 함양하고 발전시킬 수 있도록 교육하는 고등교육기관이다. 그리고 각 교육대학교의 영어교육과에는 초등영어수업의 진행을 미리 경험해 볼 수 있는 교과 실기과목이 존재하는데, 전주교육대학교의 '교실영어(Classroom English)'가 그 예라 할 수 있다. 학생들은 이 과목을 통해 초등학교 영어 교사가 실제 현장에서 초등학생들에게 가르치는 수업 내용과 그와 관련한 활동들을 미리 살펴보고, 또한 이를 직접 실연해 본다. 특히, 학생들이 경험하는 그룹 게임(group game)은 서로 협동하고 존중하면서 의견을 주고받는 과정을 통해 초등학생들로 하여금 현대 시민사회에서 필요한 상호 존중과 배려와 같은 덕목을 배울 수 있도록 하는 활동이다.

본 장에서는 초등 영어교육이 시민 교육적 측면을 가질 수 있음을 미래의 예비 초등교사들이 인지하도록 하고, 앞서 언급한 시민사회의 구성원들이 가져야 할 가치들이 초등 영어수업에 자연스럽게 반영할 수 있는 방법에 대해 고민해 보고자 한다. 또한, 다문화 현상이 점점 심화되고 있는 현재 한국의 상황 속에서, 초등학생들이 영어수업을 통해 다문화 현상을 잘 이해하고, 다문화 시민사회에서 능동적이고 주체적인 역할을 할 수 있는 구성원으로서 성장하는데 도움이 될 수 있는 수업 구성에 대해 생각해 보고자 한다. 이를 위해서 본 장은 다음과 같은 영어수업 구성을 예시로서 제안한다.

첫째, 초등학생들이 세계에 있는 다양한 나라들의 존재를 인식할 수 있는 기회를 제공하는 영어수업을 구성한다. 이를 위해 세계의 다양한 나라의 이름을 영어로 배워보고, 각 나라와 해당 나라의 국기를 '매칭(matching)'하는 게임을 진행해 본다.

둘째, 초등학생들이 다양한 나라들의 문화를 간접적으로 접해볼 수 있는 기회를 제공하는 영어수업을 구성한다. 이를 위해 세계의 다양한 나라의 유명한 것들, 예를 들어, 대표 음식, 유명 관광지, 전통 풍습 등을 영어로 배워보고, 이와 관련한 매칭게임을 진행해 본다.

셋째, 초등학생들이 미래 시민사회의 주체로서 가져야 할 덕목 중에 하나인 협동심을 기를 수 있는 영어게임 및 기타 활동들을 계획한다. 이를 위해 초등학생들이 그룹을 지어 의도된 그림을 그려 보는 게임, 그리고 그룹을 지어 역할을 나누어 (관련 주제에 대해) 질문을 하고 답을 하는 활동을 진행해 본다.

다음에서는 위 내용을 바탕으로 한 영어수업의 실제를 보다 구체적으로 제시하고 있다.

2. 다문화 이해를 위한 영어 수업의 실제

가. 출신 국가 소개를 통한 다문화 이해

초등학생들이 세계에 다양한 나라들이 존재함을 인식할 수 있는 기회를 제공하여 초등 영어 수업을 통해 다문화 이해를 간접 체험해 보도록 한다. 무엇보다도, 초등학생들로 하여금 다문화 현상을 보다 잘 이해할 수 있게 하고, 또한 초등학생들이 다문화 사회에서 능동적이고 주체적인 역할을 할 수 있는 시민으로 성장시키는 데 도움을 줄 수 있는 해당 수업 내용 및 활동을 예비 초등교사들이 미리 경험해 보고, 이를 통해 미래의 수업에서 활용해 볼 수 있는 관련 아이디어를 생각하도록 한다. 이제 다음의 글을 살펴보도록 하자.

다문화가족 (혹은 다문화가정)은 다문화가족지원법에 따르면, 기본적으로 "결혼 이민자와, 출생, 인지 또는 귀화에 의하여 한국 국적을 취득한 자로 이루어진 가족"으로 정의된다. 2021년 통계청의 인구 총 조사에 따르면, 다문화 가구는 대략 385,000가구, 그리고 다문화 인구는 대략 1,119,000명이다. 한편, 다문화 초등학생, 중학생, 고등학생 수는 계속해서 증가하는 상황이며, 2019년도 다문화 학생 수는 대략 137,000명으로서 이는 전체 학생(5,461,614명)의 2.5%를 차지하고 있다고 한다. 또한, 학령기 총 아동 수는 매년 지속적으로 감소하고 있으나, 다문화가정 학생 수는 증가하는 추세를 보이고 있으며, 이에 따라 다문화가정 학생의 비율이 지속적으로 증가할 것으로 예상된다고 한다. 이렇게 다문화가정 및 인구가 급속히 증가하면서 다문화 사회로 변화하고 있지만, 아직 한국 사회에 일종의 '소속감'을 느끼지 못하고 오히려 소외감을 느끼는 다문화가정들, 특히 다문화 학생들이 많이 있다.

(출처: 한 끼의 식사 기금 서포터즈)

이렇게 다문화 현상이 심화되는 상황 속에서 다양한 문화를 이해하고 수용하며, 또한 다양한 문화를 가진 사람들과 더불어 살아가려는 노력은 시민사회에 꼭 필요한 과정이다. 이러한 맥락에서 실제 초등학생들이 세계의 다양한 나라의 이름을 영어로 배워 보고, 각 나라와 해당 나라의 국기를 매칭하는 게임을 해봄으로써, 세계에 다양한 나라들이 존재함을 인식하도록 하는 것은 학생들의 다문화 수용성 향상에 도움이 될 수 있다. 위의 안내 지침을 바탕으로 영어수업을 다음과 같이 구성할 수 있다.

(1) 수업 제목

(초등학생 대상의) 세부 수업 내용을 캡쳐한 관련 강의 슬라이드들과 함께 설명한다. 슬라이드 타이틀은 "Where are you from?"(너는 어디서 왔니?)이고, 이는 출신 국가를 묻는 것을 영어로 표현한다.

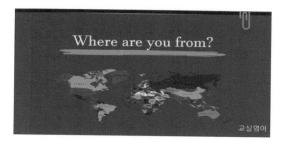

(2) Learning points(학습목표)

슬라이드를 통해 수업 때 살펴볼 학습 목표를 소개한다. 먼저, ① 세계의 다양한 나라들의 이름을 영어로 듣고 말한 다음 각 나라들의 국기를 살펴본다. ② 출신 국가를 Where are you from?이라고 물어본다. ③ 출신 국가를 영어로 답해 본다(예: I am from Korea.).

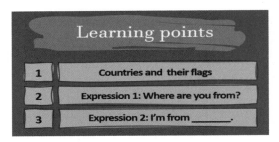

(3) Countries and flags(나라와 국기)

각 나라의 영어명과 해당 나라의 국기들을 살펴본다. 다음의 슬라이드에서처럼 8개의 나라, 한국(Korea), 미국(USA), 캐나다(Canada), 인도(India), 중국(China), 멕시코(Mexico), 일본(Japan), 베트남(Vietnam)을 국기와 함께 배워 본다. 그리고 다음 단계의 슬라이드에서 배울 영어 표현 및 관련 활동을 위해서 학생들이 제시된 나라와 국기를 잘 암기할 수 있도록 반복 학습을 한다.

(4) Where are you from?(어느 나라 출신이니?)/ "I am from _____."

국가에 대해 배운 내용을 바탕으로 학생들에게 어느 나라 출신인지 묻는 영어 표현, 그리고 이 물음에 대답하는 영어 표현을 소개한다.

여기서 제시한 나라들뿐만 아니라 다양한 나라들을 사례로 하여 이 영어 물음과 대답을 사용할 수 있다.

Q. Where are you from?

A. I am from ~

- "Where are you from?", "I am from India."
- "Where are you from?", "I am from the United States."
- "Where are you from?", "I am from the United Kingdom."

Q. Where are you from?

A. I am from <u>India</u>.

Q. Where are you from?

A. I am from <u>the United States</u>.

Q. Where are you from?

A. I am from <u>the United Kingdom</u>.

(5) Practice with your partner!(짝과 함께 연습해 봅니다!)

　위에 제시된 국가를 묻고 답하는 표현을 약 5분 동안 짝과 함께 서로 큰 소리로 말하게 함으로써 해당 두 표현에 익숙하도록 한다.

　국기를 통해 나라 맞추기 게임을 진행한다. 이 게임을 통하여 학생들에게 흥미 유발을 위해서, 국기의 사진 일부만 보여준 후 학생들이 국가를 맞추게 하고, 맞춘 다음 짝과 함께 출신 국가를 묻고 답하며 영어 대화문을 완성하게 한다.

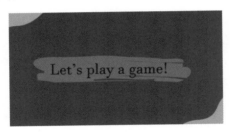

 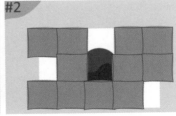

1번 문제의 답은 캐나다(Canada), 2번 문제의 답은 한국(Korea)이다.

슬라이드를 이용한 수업 전개가 끝나고 나면, "Countries of the World Song"과 같은 동영상을 활용하여 학생들과 함께 노래를 하며 수업을 마무리한다.

나. 출신국가의 유명한 것의 소개를 통한 다문화 이해

초등학생들이 세계에 다양한 나라들이 존재함을 인식할 수 있는 기회를 제공하는 초등영어 수업을 미리 경험해 볼 수 있도록 한다. 여기서는 다양한 나라들의 문화, 예를 들어 유명한 음식, 건물, 유명한 인물들을 살펴보는 시간을 제공한다. 시민교육 측면에서 문화 다양성을 학생들에게 알릴 수 있는 영어 수업을 제시한다.

다문화가정의 학생들의 경우 다양한 이유로 학교생활에서 어려움을 겪고 있는데, 피부색의 차이 및 문화적 차이에 따른 주변 (비다문화 가정) 학생들이 갖는 편견이나 차별 그리고 이로 인해 발생하는 소외감 및 외로움이 학교생활을 어렵게 하는 이유 중에 큰 비중을 차지하고 있다(권량희, 부산디지털대학교 가족복지론, 2021년 2학기 강의).

학생들이 세계의 다양한 문화를 살펴보는 과정을 통해 다문화가정의 학생들과 그들의 문화를 편견이나 차별 없이 바라볼 수 있게 된다면, 다문화가정 학생들이 시민사회의 당당한 일원으로서 성장해 나가는 데 도움이 될 것이다. 또한, 영어 수업에서 다문화가정 학생들과 관련된 나라가 배움의 소재로서 소개하면, 해당 학생들의 자존감이 높아져 보다 건강한 시민사회의 일원으로 성장해 나갈 수 있는 기회가 충분히 될 수 있다. 다문화 맥락에서 시민교육의 중요성을 알리고, 초등영어 수업에서 비슷한 내용의 수업을 진행해 볼 필요가 있다.

위의 안내 지침을 바탕으로 다음과 같이 영어 수업내용을 구성할 수 있다.

(1) 세부 수업 내용

세부 수업 내용은 다음의 관련 강의 슬라이드들과 함께 설명한다. 슬라이드 타이틀은 What is Korea famous for?(한국은 무엇이 유명하니?)로서 한 나라가 무엇이 유명한지를 영어로 표현한다.

(2) Learning points(학습목표)

슬라이드를 통해 수업 때 살펴볼 학습목표를 소개한다. 먼저, ① 세계의 다양한 나라들이 가진 유명한 것들을 영어로 물어 본다. (What is Korea famous for?) ② 해당 나라들의 유명한 것들, 예를 들어 음식이나 장소를 영어로 답하는 학습을 한다(Korea is famous for Kimchi.).

표 7-1 Learning points

Expression 1: What is Korea famous for?

Expression 2: Korea is famous for Kimchi.

이후 슬라이드에서는 각 나라가 무엇이 유명한지 물어보고 이에 대해 답하는 영어 대화를 반복한다. 이 대화를 통하여 다양한 국적의 사람들이 우리나라에 살고 있음을 느끼도록 한다.

표 7-2 대화 1

Q: What is Australia famous for?

A: Australia is famous for Kangaroo and Opera House.

표 7-3 대화 2

Q: What is Thailand famous for?

A: Thailand is famous for Tom Yam Kung(똠얌꿍) and Phuket(푸켓).

표 7-4 대화 3

Q: What is Japan famous for?

A: Japan is famous for Sushi(초밥) and Animation.

미래 시민사회를 위한 시민교육의 시선들

표 7-5 대화 4

Q: What is Italy famous for?

A: Italy is famous for Pasta and Colosseum(콜로세움).

(3) Practice with your partner!(짝과 함께 연습해 봅니다!)

각 나라의 유명한 것을 묻고 답하는 표현을 약 5분 동안 학생들이 짝과 함께 서로 큰 소리로 말하게 함으로써 해당 두 표현을 익숙하도록 한다.

슬라이드를 이용한 수업 전개를 마치고 나면, "Kids vocabulary-World food-Learn English for kids-English education video" 등과 같은 동영상을 이용하여 학생들과 함께 노래를 한다. 세계 각국의 음식들을 살펴본 후 수업을 마무리한다.

다. 몬스터 그리기 게임을 활용한 다문화 이해

(1) 수업 주제 및 목표

미래 시민사회의 주체로서 가져야 할 덕목 중의 하나인 협동심을 기를 수 있는 영어 게임 활동들을 계획하고 실현하는 기회를 제공한다. 그룹을 나눠 참여하는 게임들은 학생들이 서로 협동하며 존중하고, 또 서로 의견을 나누면서 시민사회에서 필요한 덕목들을 배울 수 있는 활동이라 할 수 있다.

(2) 수업 내용

'Monster drawing game'은 학생들이 서로 팀을 나눠서 몬스터를 그려 보는 게임으로서, 이 게임을 통해 학생들은 영어를 듣고 말해 보는 기회를 가질 뿐만 아니라, 서로 협동하며 존중하는 등의 시민사회에서 필요한 덕목들을 간접 경험해 볼 수 있다. 이러한 점을 유의하여 영어 수업을 진행할 때 협동 및 상호 존중을 경험하게 할 수 있도록 영어 게임들을 진행한다.

다음은 'Monster drawing game'을 전개하는 예비 초등교사와 학생들 간의 대화 내용이며(Slattery and Wills, 2001, 37, 이를 바탕으로 수강 학생들은 해당 게임을 실제 진행해 본다.

'Monster drawing game'

Teacher:

Ok, everyone is ready...well, almost.

(자, 모두들 준비가 거의 다 되었네요.)

Now, let's see. (이제 봅시다.)

Here are the pictures on the board. (자, 여기 칠판에 그림들이 있어요.)

Ok, in a line like this, we have a nose, a body, a head, an eye, a foot, an arm, a hand, an ear, a leg, a mouth.

(여기 선 같은 것 보면, 코, 몸통, 머리, 눈, 발, 팔, 손, 귀, 다리, 그리고 입이 있네요.)

And you are in three team A, team B, team C.

(자, 이제 여러분 세 팀을 만들어 봅시다. 팀 A, 팀 B, 팀 C!)

And we will all count, OK?

(자, 우리 모두 같이 숫자를 세겠습니다. 알겠죠?)

Ok, Ok. This group is the first group.

(자, 여기 팀 C가 처음으로 시작할거에요.)

So, let's begin. Take out the dice.

(자, 시작해요, 주사위를 굴리세요.)

Ok, Laura, you throw the dice for your team.

(자, 로라가 팀 대표로 주사위를 굴려주세요.)

Right, five, Ok, let's count together.

(자, 5가 나왔네요. 모두 우리 숫자를 세어 봅시다.)

One, two, three, four, five. Ok, Five is foot.

(1, 2, 3, 4, 5. 네, 5는 발이에요.)

So everyone draw a foot. Ok, just draw a foot. Ok...

(자, 여러분들 모두 발을 그리세요. 발만 그리세요. 알겠죠?)

Ok, this team now. Ok, so throw the dice... four... Ok, continue.

(자, 이제 여기 팀 B 차례에요. 네, 주사위를 굴리세요. 4가 나왔습니다.)

One, two, three, four... a leg.

(자, 1, 2, 3, 4,....다리네요.)

Ok, it's a leg. So, now you draw a leg. Right!

(네, 다리네요. 자 이제 다리를 그립시다. 잘했어요!)

Ok, is there a mistake?

Now only one foot and only one leg—fantastic!

(자, 혹시 실수했나요?

네, 발 하나만, 그리고 다리 하나만 있어야 해요. 네, 정말 잘했어요!)

Ok. Good David. Only one leg and one foot.

(자, 데이비드, 잘 했어요. 다리 하나와 발 하나만. 잘 그렸어요.)

Ok, this team, team A! Take the dice and throw it.

Not at me! Come on.

(자, 이제 팀 A 순서에요. 주사위 가져가 굴리세요.

선생님한테 던지지 마시고! 자, 던지세요.)

Ok, what have you go?

(자, 어떤 숫자 나왔나요?)

'Monster drawing game'을 마치면, 비슷한 종류의 게임, 즉 구성원간의 협동과 상호 존중을 경험해 볼 수 있는 게임인 'Spy drawing game'(https://www.youtube.com/watch?v=X-WLHc7vsQE)을 진행한다.

3. 맺음말

 지금까지 다양성 함양과 협동 학습의 기회를 제공함으로써 학생들의 다문화 감수성 교육을 할 수 있는 초등 영어 수업의 사례를 살펴보았다. 초등학생들이 세계의 다양한 문화를 지속적으로 살펴보는 과정을 통해 다문화를 편견이나 차별 없이 바라볼 수 있게 된다면, 분명 이는 학생들이 한국의 다문화사회에 적응해 나가는데 큰 도움이 될 것이다. 특히, (영어) 수업 시간에 다양한 국가와 그 문화를 배움의 소재로서 활용하면, 학생들이 한국 시민사회의 당당하고 건강한 구성원으로서 성장을 해나가는데 긍정적인 영향을 줄 것으로 기대한다.

참고문헌

최종덕, 2012, 다문화 사회와 다문화 시민교육의 방향, **교원교육**, 28, 185-206.

Slattery, Mary, Willis, J., 2001, *English for Primary Teachers: A handbook of activities and classroom language*, Oxford University Press.

https://www.youtube.com/watch?v=4uuGYHfnVRE
https://www.youtube.com/watch?v=l5ProbIWDhw
https://www.youtube.com/watch?v=X-WLHc7vsQE

미래 시민사회를 위한 시민교육의 시선들

초판 1쇄 발행 2023년 7월 14일

지은이 이경한, 서재복, 정윤경, 이림, 서현석, 정영식, 김경민

펴낸이 김선기
펴낸곳 (주)푸른길
출판등록 1996년 4월 12일 제16-1292호
주소 (08377) 서울시 구로구 디지털로 33길 48 대륭포스트타워 7차 1008호
전화 02-523-2907, 6942-9570-2
팩스 02-523-2951
이메일 purungilbook@naver.com
홈페이지 www.purungil.co.kr

ISBN 978-89-6291-060-5 93370

이 저서는 2019년도 교육부와 한국연구재단의 지원을 받아 수행된 연구 (NRF-2019H1G1A1071300)임.